KB203964

학자 목사의 설교 시리즈 02

교리 설교

다함
도서출판 **함**은

1. 다윗과 아브라함의 자손
아브라함과 다윗의 자손으로, 하나님 구원의 언약 안에 있는 택함 받은 하나님 나라 백성을 뜻합니다.

2. 마음과 뜻과 힘을 **다하여** 하나님을 사랑하라
구약의 언약 백성 이스라엘에게 주신 명령(신 6:5)을 인용하여 예수님이 가르쳐 주신 새 계명
(마 22:37, 막 12:30, 눅 10:27)대로 마음과 뜻과 힘을 다해 하나님을 사랑하겠노라는 결단과 고백입니다.

사명선언문
1. 성경을 영원불변하고 정확무오한 하나님의 말씀으로 믿으며, 모든 것의 기준이 되는 유일한 진리로 인정하겠습니다.
2. 수천 년 주님의 교회의 역사 가운데 찬란하게 드러난 하나님의 한결같은 다스림과 빛나는 영광을 드러내겠습니다.
3. 교회에 유익이 되고 성도에 덕을 끼치기 위해, 거룩한 진리를 사랑과 겸손에 담아 말하겠습니다.
4. 하나님 앞에서 부끄럽지 않도록 항상 정직하고 성실하겠습니다.

교리 설교

초판 1쇄 인쇄 2021년 12월 20일
초판 1쇄 발행 2022년 1월 3일
초판 2쇄 발행 2025년 3월 14일

지은이 ㅣ 우병훈

교 정 ㅣ 김성민
펴낸이 ㅣ 이웅석
펴낸곳 ㅣ 도서출판 다함
등 록 ㅣ 제2018-000005호
주 소 ㅣ 경기도 군포시 산본로 323번길 20-33, 701-3호(산본동, 대원프라자빌딩)
전 화 ㅣ 031-391-2137
팩 스 ㅣ 050-7593-3175
이메일 ㅣ dahambooks@gmail.com

디자인 ㅣ 디자인집(02-521-1474)

ISBN 979-11-90584-37-1 (04230) ㅣ 979-11-90584-34-0 (세트)

학자 목사의 설교 시리즈 02

교리 설교

Doctrinal Sermon

우병훈 지음

다함
도서출판

목차

추천사

이 책의 제목을 보고 "교리를 잘 전하는 법에 대한 설교집"이라고 생각하고 넘겼다면, 넘기지 말고 이 책을 읽어보기를 강력하게 추천합니다. 본래 교리를 충실하게 전하기만 하는 설교는 좋은 교리설교가 아닙니다. 그러면 청중들은 바로 "그래서 어쩌라고? 대체 그 교리가 내게 무슨 의미인데?"라고 반문하기 마련입니다. 충실하게 설명된 교리를 바탕으로 삶을 해석해주고, 옳은 길을 제시해주며, 그렇게 살아갈 수 있도록 힘을 주고, 교리를 통해 나타난 하나님의 은혜로운 성품에 감격해 예배하게 이끌어 주어야 좋은 교리설교라 할 수 있습니다. 이 모든 것이 바로 교리의 기능이기 때문입니다. 그리고 우리는 이렇게 좋은 교리설교 14편을 보고 있습니다. 독자들은 이 책을 통해 단순히 교리만 배우는 것이 아니라, 적용과 예배를 더 많이 배울 수 있을 거라고 확신합니다!

이정규_시광교회 담임목사

✛

교리는 성경의 중요한 가르침을 모아 놓은 것입니다. 그렇기에 하나님의 말씀을 바르게 전하는 설교에는 올바른 교리가 녹아 있고, 건전한 교리를 담고 있는 설교는 언제나 생명력 있게 전달됩니다. 이 책은 기독교 교리를 전공하여 신학생들을 가르치는 분의 교리 설교를 담고 있어서 신뢰가 갑니다. 딱딱하고 문자화된 교리가 아니라, 경건을 북돋우며 삶에 적용성 있는 교리를 전하고 있어서 더욱 추천하고 싶습니다. 이 책을 통해 설교자들은 교리 설교의 실제와 방법을 배울 수 있고, 성도들은 기독교의 복음과 핵심진리를 만끽할 수 있습니다. 많은 분들이 읽고 기독교의 교리가 주는 은혜와 기쁨을 누리기를 바랍니다.

이찬수_분당우리교회 담임목사

✛

하나님의 특별한 계시인 성경에는 진리가 담겨 있습니다. 거기에는 그 진리의 조각이 하나라도 없는 구절이 하나도 없습니다. 그 진리의 조각들을 주제별로 모은 것을 교리라고 말합니다. 그 교리를 삼위일체 하나님 중심으로 적절하게 배열하면 기독교 진리의 체계라고 하는 교의학이 나옵니다. 우병훈 교수님의 〈교리설교〉는 교의학과 강해의 가교적인 성격을 가지고 있습니다. 교리의 닻을 성경 텍스트에 내리고 각 텍스트의 다양한 교훈을 진리의 숲 속에서 보도록 만듭니다. 교리 설교 작성과 전달에 있어서 중요한 것은 성경 본문과 교리의 적정한 연관성을 유지하는 것입니다. 교리를 가르침에 있어서 각 본문이 담지하고 있는 그 교리의 분량만큼 말하여서 빈하지도 않고 과하지도 않는 적정성 말입니다. 이 책은 독자에게 그런 적정성에 대한 감각을 키워 줄 것입니다. 그리고 자칫 딱딱하고 무겁기 쉬운 교의학을 가르치는 신학자가 쓴 글이지만 따뜻한 언어의 체온이 느껴지는 책입니다. 신앙의 등뼈도 견고하게 하는 교리와 잔잔한 은혜가 적당히 버무려진 책입니다.

한병수_전주대학교 선교신학대학원 교의학 교수

서문

이 설교집에는 교리 설교를 담았습니다. 교리란 성경의 가르침을 의미합니다. 그렇기 때문에 어떤 면에서 모든 참된 설교는 교리 설교라고 볼 수 있습니다. 하지만 이 책에서 교리 설교라는 말은 특별히 성경적 신앙의 핵심 기초를 담은 설교라는 의미로 사용할 것입니다.

　교리 설교의 전통은 교부 시대로 거슬러 올라갑니다. 가령 크리소스토무스는 마태복음 설교에서 모든 신자는 기도의 시간과 장소를 따로 정해서 기도해야 한다는 교리를 중심으로 설교하였습니다.[1] 아우

1　John Chrysostom, *The Homilies of St. John Chrysostom, Archbishop of Constantinople, on*

구스티누스는 자신의 설교에서 삼위일체론을 심도 있게 다루기도 했습니다.[2]

교리 설교의 정수를 잘 보여준 사람들은 종교개혁자들이었습니다. 루터의 성경 강해를 보면 주석적 접근과 교리적 접근이 혼용된 것을 발견할 수 있습니다.[3] 칼뱅은 주석적 접근, 교리적 접근, 실천적 접근으로 성경을 깊이 연구하여, 『기독교강요』 외에 여러 권의 성경주석을 남겼고, 수많은 설교를 전했습니다.

교리 설교의 가장 좋은 예는 청교도들에게서 발견할 수 있습니다. 청교도들의 설교는 본문 강해(exegesis)와 교리(doctrine) 제시와 적용(use)으로 이뤄지는 경우가 많았습니다.

"강해"는 본문을 자세히 설명하는 것입니다. 이때 설교자는 본문과 관련된 성경 구절들과 성경 사건들을 서로 연결하며 해설합니다.

"교리"는 본문에서 도출되는 핵심 가르침 전부를 말하는 것입니다. 여기서 교리란 신앙고백서나 신조에 나오는 교리가 아니라, 넓은

---

the Gospel of St. Matthew, Parts 1 & 2, trans. Bart Prevost, vol. 2, A Library of Fathers of the Holy Catholic Church (Oxford; London: John Henry Parker; J. G. F. and J. Rivington, 1843-1844), 678-87. (『마태복음 설교』, 제50번 설교[마 14: 23, 24 강해])

2   Saint Augustine, Sermons 341-400 on Various Subjects, ed. John E. Rotelle, trans. Edmund Hill, vol. 10, The Works of Saint Augustine: A Translation for the 21st Century (Hyde Park, NY: New City Press, 1992), 474-77. (384번 설교)

3   대표적으로 『창세기 강해』.

의미의 교리를 뜻합니다. 말 그대로 성경의 가르침 전체를 의미하는 것입니다. 설교자는 본문에 나오는 중요한 가르침들을 다른 교리들과 연결 지어 설명합니다.

"적용"은 구체적으로 본문을 어떻게 삶에 적용할지를 설명하는 것입니다. 특별히 청교도들은 적용을 매우 중요하게 생각했습니다. 그 이유는 믿는 바를 삶에 그대로 적용하여 그 가르침이 경험적으로 맞는지 아닌지 실험해 보기를 원했기 때문입니다. 청교도들의 신학을 경험적 신학(experiential theology) 혹은 실험적 신학(experimental theology)이라고 말하는 이유가 여기에 있습니다.

건전한 교리 설교는 교회의 건강한 생명력을 위해서 중요합니다. 교리 설교를 해야 하는 구체적인 이유는 다음과 같습니다.

첫째, 교리 설교는 복음을 잘 설명합니다. 복음은 어떻게 소개하느냐에 따라 영광스러운 복음이 될 수도 있고, 값싼 복음이 될 수도 있습니다. 교리 설교는 복음의 영광스러운 모습을 찬란하게 드러냅니다.

둘째, 교리 설교는 사도들이 모범을 보여준 설교입니다. 사도 바울이나 사도 베드로의 서신들을 보면 교리적 구조가 매우 탄탄한 것을 알 수 있습니다. 교리 서적이 아니라 편지임에도 불구하고, 대부분의 서신서는 교리적 뼈대가 확고히 세워진 가운데 논리가 전개됩니다.

셋째, 교리 설교는 하나님에 대한 분명한 가르침을 줍니다. 하나님이 누구신지 잘 모르고 신앙 생활하는 것보다 위험한 일은 없습니다. 기독교 신앙의 모든 것은 하나님에 대한 올바른 지식에서 나옵니다.

교리 설교는 하나님이 누구신지 확고하게 알려줍니다.

넷째, 교리 설교는 교회의 직분자와 리더들에게 꼭 필요합니다. 교회의 중요한 의사결정, 행동방침, 분위기 등은 직분자와 리더들이 결정하는 경우가 많습니다. 그러나 그들이 교리를 모르면 교회는 표류할 것입니다. 교리 설교는 직분자와 리더들이 확고한 신앙적 지식 가운데서 교회를 이끌도록 도와줍니다.

다섯째, 교리 설교는 설교가 일관성이 있도록 도와줍니다. 한 사람의 설교를 오래 듣는 성도들은 간혹 설교가 좌충우돌한다는 느낌을 받을 때가 있습니다. 왜 그럴까요? 설교자가 교리를 잘 모르기 때문입니다. 기독교의 핵심 교리를 전반적으로 이해하고 있는 설교자의 설교는 일관성이 있고 신뢰를 줍니다.

여섯째, 교리 설교는 이단으로부터 교회를 지킵니다. 한국교회는 이단으로 몸살을 앓고 있습니다. 그 주된 원인은 바로 교리의 부재 현상입니다. 이단들은 애매한 영역을 파고 들어옵니다. 교리 설교는 신앙적 지식과 삶의 애매한 부분들을 없애 줍니다. 그리하여 이단에 빠지지 않게 도와줍니다.

일곱째, 교리 설교는 타종교와 기독교의 차이점을 보여줍니다. 불교나 이슬람교와 기독교의 차이점이 무엇일까요? 그리고 같은 기독교 내에서도 여러 종파의 차이가 무엇일까요? 교리를 잘 모르면 모든 종교가 그저 착하게 살도록 돕는 방편이라고 생각하기 쉽습니다. 하지만 교리를 아는 사람은 타종교와 기독교가 본질적으로 다르다는 것을 분명히 압니다. 기독교의 핵심은 '은혜'입니다. 타종교에는 기독교가 말하는 은혜가 없습니다. 로마 가톨릭과 개신교회의 차이도 은혜에 대한 이해에 놓여있습니다. 성경적인 교리 설교는 은혜의 탁월성을 아름답게 설명합니다.

여덟째, 교리 설교는 성경해석에 도움을 줍니다. 교리는 역사 속에서 많은 사람의 인정을 받은 공인된 성경해석의 결과물입니다. 따라서 교리를 잘 아는 사람은 성경을 보다 올바르게 해석할 수 있는 기반을 갖게 됩니다.

아홉째, 교리 설교는 경건에 도움을 줍니다. 경건이란 하나님을 사랑하고 동시에 경외하는 것입니다. 교리 설교는 우리가 왜 하나님을 사랑해야 하는지, 왜 하나님이 두려운 분인지 알려줍니다. 교리 설교는 우리를 기도로 이끌며, 우리가 하나님 앞에서 살아가도록 도와줍니다.

열째, 교리 설교는 성도들의 삶에 생기와 활력을 불어넣습니다. 올바른 지식(orthodoxa)은 올바른 행동(orthopraxis)으로 이어집니다. 사람이 알게 되는 지식은 어떤 식으로든 삶에 영향을 미치게 되어 있습니다. 삼위일체 하나님의 사역을 풍성하게 설명하는 교리는 성도의 삶에 가장 큰 위로와 힘을 공급합니다. 교리를 잘 배운 사람은 시련과 유혹을 이겨내며 신앙의 항로에서 이탈하지 않고 전진합니다.

이 책에는 열네 편의 교리 설교가 있습니다. 어떤 것은 본문을 중심으로 한 교리 설교이고, 어떤 것은 웨스트민스터 신앙고백이나 하이델베르크 요리문답과 같은 교리서를 중심으로 한 교리 설교입니다. 하지만 어느 경우든지 최대한 성경 본문의 원래 의미를 충실히 전달하면서 교리를 전하고자 했습니다.

모든 설교가 이렇게 교리적 요소를 강하게 드러내면서 이뤄질 필요는 없습니다. 설교자에게는 자유가 있기 때문입니다. 하지만 설교자는 성경을 벗어나서 설교할 자유도, 기독교의 핵심 교리를 무시하고 설교할 자유도 없습니다. 이 책에 실린 설교들이 기독교의 교리를 아름답고 확고하게 전하는 일에 자극이 되기를 바랄 뿐입니다.

저에게 교리를 가르쳐 주신 모든 목사님과 교수님, 선생님에게 감사를 드립니다. 신앙과 교리와 교회사와 삶에 대해 많은 대화를 나누는 박재은 교수님과 배정훈 교수님에게 감사합니다. 그리고 매일 말씀을 읽고 은혜를 나누는 어머니, 아내, 아들, 딸에게 감사의 마음을 전합니다.

영광은 오직 하나님께만(Soli Deo Gloria)!

장마가 그치고 태양이 빛나는 2021년 여름
부산에서
저자 씀

오직 믿음으로

(갈라디아서 2:16, 20)

오직 믿음으로

16. 사람이 의롭게 되는 것은 율법의 행위로 말미암음이 아니요 오
직 예수 그리스도를 믿음으로 말미암는 줄 알므로 우리도 그리
스도 예수를 믿나니 이는 우리가 율법의 행위로써가 아니고 그
리스도를 믿음으로써 의롭다 함을 얻으려 함이라 율법의 행위
로써는 의롭다 함을 얻을 육체가 없느니라

20. 내가 그리스도와 함께 십자가에 못 박혔나니 그런즉 이제는 내
가 사는 것이 아니요 오직 내 안에 그리스도께서 사시는 것이
라 이제 내가 육체 가운데 사는 것은 나를 사랑하사 나를 위하
여 자기 자신을 버리신 하나님의 아들을 믿는 믿음 안에서 사
는 것이라

(갈라디아서 2장 16, 20절)

다섯 개의 "오직"의 교리

종교개혁자들이 우리에게 알려준 다섯 가지 위대한 교리가 있습니다. 그것은 "오직 성경, 오직 은혜, 오직 믿음, 오직 그리스도, 오직 하나님께 영광"입니다. 종교개혁자들이 이 다섯 개의 교리만을 가르친 것도 아니고, 항상 이 다섯 개의 교리를 묶어서 가르친 것도 아닙니다. 하지만 이 다섯 개의 교리는 종교개혁자들의 가르침에 늘 녹아 있었습니다. 이 다섯 개의 "오직"의 교리는 당시 로마 가톨릭의 중대한 오류들을 수정한 것입니다.

오직 성경의 교리를 생각해 보겠습니다. 당시 로마 가톨릭도 나름대로 성경을 중요하게 생각했습니다. 하지만 그들은 오직 성경만이 유일하고 최종적인 권위를 가진다고 생각하지는 않았습니다. 그들은 교황의 권위, 교부들의 글, 그리고 종교 회의의 결정 또한 성경만큼 중요한 권위를 가진다고 생각했습니다. 이런 생각에 반대하여 종교개혁자들은 오직 성경만이 신앙과 삶의 유일하고 최종적인 권위라고 올바르게 가르쳤습니다.

오직 은혜도 마찬가지입니다. 당시의 로마 가톨릭도 구원 받기 위해서는 반드시 은혜가 필요하다고 했지만, 그들은 하나님의 은혜에 인간의 공로가 덧붙여져야 구원이 완성된다고 주장했습니다. 이런 오류에 맞서 종교개혁자들은 죄인은 오직 하나님의 은혜로만 구원 받을 수 있다고 선언했습니다.

종교개혁자들은 오직 그리스도의 교리도 회복시켰습니다. 로마 가톨릭도 그리스도를 믿어 구원 받는 것을 부인하지는 않습니다. 하지만 그들은 그리스도 외에 교황, 예수님의 어머니 마리아, 성인(聖人)들의 공로도 구원에 도움이 된다고 주장했습니다.

오직 하나님께 영광이라는 교리도 마찬가지입니다. 16세기 당시에 로마 가톨릭은 하나님께만 속한 영광을 인간인 교황과 주교가 가로채 버렸습니다. 하지만 종교개혁자들은 오직 하나님께만 영광을 돌려야 한다는 것을 분명하게 주장했습니다.

"오직 믿음으로"의 의미

종교개혁자들이 가르친 다섯 개의 교리 가운데 가장 중요한 교리가 바로 "오직 믿음으로"입니다. 라틴어로 "솔라 피데(sola fide)"라고 부르지요. 이 라틴어를 편의상 "오직 믿음"이라고 해석하지만, 보다 정확한 번역은 "오직 믿음으로"입니다. "오직 믿음으로" 다음에 어떤 말이 따라오면 가장 적절할까요? "오직 믿음으로 살아가자?" 좋은 말이지만 정답은 아닙니다. "오직 믿음으로 구원 받는다?" 정답에 가깝지만 더 정확하게는 오직 믿음으로 의롭다고 여김 받는다는 뜻입니다. 이를 한 자어로 이신칭의(以信稱義)라고 하고, 줄여서 칭의론이라고 말하기도 합니다.

이신칭의론은 종교개혁의 가장 핵심적인 모토였습니다. 사실상 종교개혁은 이 모토를 지키기 위해서 일어난 운동이라고 해도 과언이 아닐 것입니다. 종교개혁자 마르틴 루터(1483-1546)는 이신칭의론을 교회와 모든 신앙의 태양이자 낮이며 빛이라고 했습니다.[1] 그 교리가 서면 교회가 서고, 그것이 넘어지면 교회도 넘어지기 때문입니다.[2]

종교개혁자들이 가르친 "솔라 피데(sola fide)"의 의미

그렇다면, 종교개혁자들이 가르친 "오직 믿음으로"의 성경적인 의미는 무엇일까요?

첫째, 오직 하나님의 은혜로, 오직 믿음으로 구원받는다는 것입니다. 우리는 은혜로 구원을 받고, 동시에 믿음으로 구원을 받습니다. 여기서

---

1 Martin Luther, *D. Martin Luthers Werke: Kritische Gesammtausgabe*, Weimar Ausgabe (Weimar: H. Bohlau, 1883-), 40III:335. "저 조항[즉 칭의론]이 교회와 모든 신앙의 태양 자체이며 낮이며 빛이다(Ipse sol, dies, lux Ecclesiae et omnis fiduciae iste articulus)." 바이마르 루터 전집 시리즈는 WA로 약칭한다.

2 WA 40III,352,3("... quia isto articulo stante stat Ecclesia, ruente ruit Ecclesia"). Martin Luther, *Luther's Works, Vol. 11: First Lectures on the Psalms II: Psalms 76-126*, ed. Jaroslav Jan Pelikan, Hilton C. Oswald, and Helmut T. Lehmann (Saint Louis: Concordia Publishing House, 1955), 459. 이 시리즈는 LW로 약칭한다.

은혜는 구원의 근거이며, 믿음은 은혜를 받는 통로 혹은 수단입니다.

예를 들어봅시다. 물에 빠져 허우적거리는 사람이 있습니다. 이때 제가 밧줄을 던져 그 사람이 그 밧줄을 잡고 살아나왔다고 가정해보 겠습니다. 그는 무엇 때문에 살아난 것입니까? 제가 그에게 밧줄을 던 져주었기 때문입니까? 그가 밧줄을 잡았기 때문입니까? 둘 다 정답입 니다. 제가 그 사람에게 밧줄을 던져주어서, 그가 그 밧줄을 잡았기에 살아난 것입니다.

그렇다면 둘 중에 무엇이 먼저입니까? 제가 밧줄을 던져준 것입니 까, 그 사람이 그 밧줄을 붙잡은 것입니까? 당연히 제가 밧줄을 던져 준 것이 먼저입니다. 우리가 받은 구원도 마찬가지입니다. 우리는 은 혜로, 그리고 믿음으로 구원을 받습니다. 그런데 은혜와 믿음 중에 무 엇이 먼저냐고 묻는다면, 하나님의 은혜라고 말할 것입니다. 믿음은 그 은혜를 받는 수단이며, 통로입니다. 따라서 그 누구도 믿음을 자랑 할 수 없습니다. 믿음은 그저 은혜를 담는 그릇이며, 그 믿음조차 은혜 로 주어지기 때문입니다. 우리는 시작부터 끝까지 오직 은혜로 구원 받습니다.

둘째, 예수님을 참되게 믿으면 구원을 받는다는 의미입니다. 복음 을 믿는 길 외에 사람이 구원 받을 수 있는 다른 길은 없습니다. 복음 이란 나의 죄를 대신하여 십자가에서 죽으시고 부활하신 예수 그리 스도를 믿으면 구원 받는다는 기쁜 소식입니다. 복음은 예수님을 믿 는 것 외에 다른 것을 요구하지 않습니다. 인간의 선행은 거기에 들어갈 수 없습니다. 오직 예수 그리스도를 믿는 것만이 유일한 구원의 길입니다. 사도행전 4장 12절에서 사도 베드로는 다음과 같이 선포했습니다. "다른 이로써는 구원을 받을 수 없나니 천하 사람 중에 구원을 받을 만한 다른 이름을 우리에게 주신 일이 없음이라 하였더라."

셋째, 믿음으로 의롭다 함을 얻은 사람은 반드시 최종적인 심판에서도 구원을 받는다는 것입니다. 히브리서 9장 27절은 이렇게 말씀합니다. "한번 죽는 것은 사람에게 정해진 것이요 그 후에는 심판이 있으리니"

모든 사람은 하나님의 최종 심판대 앞에 서게 됩니다. 그 심판에서 유죄선언을 받지 않을 사람은 없습니다. 모든 사람이 하나님의 율법과 계명을 어기며 살기 때문입니다. 그 최종 심판에서 구원 받을 수 있는 유일한 길은 오직 믿음 뿐입니다. 예수 그리스도를 믿는 것 외에 최종 심판을 통과할 방법은 없습니다. 그렇다면 지금 우리가 예수님을 믿고 의롭다 함을 받으면 최종 심판대에서 반드시 구원 받을 수 있을까요? 로마서 5장 9절은 그렇다고 가르칩니다. "그러면 이제 우리가 그의 피로 말미암아 의롭다 하심을 받았으니 더욱 그로 말미암아 진노하심에서 구원을 받을 것이니"

여기서 "진노하심"이라는 말은 로마서의 문맥상 하나님의 최종 심판을 뜻합니다. 따라서 지금 이 땅에서 예수 그리스도를 믿음으로 의롭다 함을 얻으면 누구든지 반드시 최종 심판에서도 구원을 받습니다.

넷째, 믿음으로 의롭다 함을 받은 사람은 삶의 열매로서 믿음의 증거들을 드러낸다는 것입니다. 루터가 이신칭의 교리를 말했을 때 로마 가톨릭은 즉각 반발했습니다. 그런 식으로 가르치면 사람들이 방종에 빠져 신앙생활을 열심히 하지 않을 거라 생각했기 때문입니다. 사실 로마 가톨릭의 주장이 완전히 틀린 말은 아니었습니다. 실제로 루터 당시에도 그런 일이 있었습니다. 당시의 로마 가톨릭 사제들은 하루 7번, 새벽 3시, 오전 6시, 9시와 오후 12시, 3시, 6시, 8시에 기도했습니다. 공로주의에 빠져 있던 가톨릭 사제들은 "주의 의로운 규례들로 말미암아 내가 하루 일곱 번씩 주를 찬양하나이다(시 119:164)"라는 말씀을 문자적으로 지키고자 했습니다. 루터는 이전에 로마 가톨릭 사제였다가 개신교 목사로 전향한 사람들에게 그런 규칙을 따를 필요가 없다고 했습니다. 우리는 기도 시간을 채워서 구원을 받는 것이 아니라, 오직 믿음으로 구원을 받기 때문입니다. 그러자 어떤 일이 일어났을까요? 사람들이 기도를 거의 하지 않게 되었습니다. 루터는 그런 목사들을 향해 돼지를 치거나 개를 지키는 자가 되는 것이 낫겠다며 욕설을 퍼부었습니다.[3]

루터가 가르쳤던 믿음은 전혀 그런 것이 아니었습니다. 루터는 자신의 책, 『그리스도인의 자유』에서 이렇게 말했습니다.

---

3 Kirsi I. Stjerna, "The Large Catechism of Dr. Martin Luther," in *Word and Faith*, ed. Hans J. Hillerbrand, Kirsi I. Stjerna, and Timothy J. Wengert, vol. 2, *The Annotated Luther* (Minneapolis, MN: Fortress Press, 2015), 289-90.

"그리스도인은 그 자신 안에서가 아니라, 그리스도와 이웃 안에서 살아간다. 즉 믿음을 통하여 그리스도 안에서 살고, 사랑을 통하여 이웃 안에서 살아간다. 믿음으로 그는 자신을 넘어 하나님께 나아가며, 사랑으로 스스로를 낮추어 이웃에게 나아간다. 그러나 그는 항상 하나님과 사랑 안에 산다."[4]

종교개혁자들이 믿음을 강조했다고 해서 결코 실천을 등한히 했던 것은 아닙니다. 칼뱅은 『기독교강요』에서 복음은 혀의 교리가 아니고 삶의 교리라고 주장합니다.[5] 그는 이신칭의를 주장하는 우리들과 그것을 거부하는 로마 가톨릭 중에 실제로 누가 더 선행을 많이 하는지는 굳이 묻지 않겠다고 말합니다. 이신칭의의 교리를 믿는 사람들이 비교할 수 없을 정도로 많은 선행을 행하기 때문이었습니다.

교리의 개혁이 왜 중요할까요? 교리가 개혁되어야 삶이 제대로 나올 수 있기 때문입니다. 교부 아우구스티누스는 단적으로 이렇게 말했습니다.

4　WA 7,38,6-10. 한스-마르틴 바르트, 『마르틴 루터의 신학』, 정병식, 홍지훈 옮김(서울: 대한기독교서회, 2015), 385에서 재인용. 루터의 칭의론과 성화론의 관계에 대해서는 아래 자료들을 보라. 우병훈, 『처음 만나는 루터』(서울: IVP, 2017), 230-50; 우병훈, "루터의 칭의론과 성화론의 관계: 대(大)『갈라디아서 주석』(1535년)을 중심으로," 「개혁논총」 46 (2018): 69-116.

5　칼뱅, 『기독교강요』, 3,6,4.

"하나님에 대하여 제대로 믿지 않으면, 악하게 살게 된다."[6]

마틴 로이드 존스는 20세기 최고의 설교자입니다. 그는 입버릇처럼 교리가 먼저 나오고, 그 다음에 삶이 따라와야 한다는 순서를 말하곤 했습니다.

> "우리는 언제나 교리와 삶의 올바른 질서를 찾아야 합니다. 진리가 먼저 와야 합니다. 그것은 교리가 먼저 와야 하며, 가르침의 기준이 먼저 와야 하며, 복음의 메시지가 먼저 와야 한다는 의미입니다."[7]

이신칭의 교리 자체는 결코 선행을 소홀히 하는 교리가 아닙니다. 오직 예수 그리스도를 믿음으로 의롭게 된 사람은 반드시 선행의 열매를 맺게 됩니다. 종교개혁자들은 이런 의미에서 선행이 믿음의 열매와 결과이며, 믿음의 증거와 표시가 된다고 가르쳤습니다.

---

6   아우구스티누스, 『신국론』, V.10.2: "Male autem vivitur, si de Deo non bene creditur."

7   아래 책에 나오는 로이드 존스의 말을 재인용하면서 문맥에 맞게 약간 의역했다. Jason C. Meyer, *Lloyd-Jones on the Christian Life* (Wheaton, IL: Crossway, 2018), 30n26: "We must always put these things in the right order, and it is Truth first. It is doctrine first, it is the standard of teaching first, it is the message of the gospel first" (Lloyd-Jones, *Spiritual Depression*, 61).

종교개혁자들이 "오직 믿음"의 교리를 주장한 배경

종교개혁자들이 그토록 오직 믿음을 강조했던 이유는 당시 로마 가톨릭이 전혀 다른 구원론을 가르쳤기 때문입니다. 물론 겉보기에는 유사해보일 수 있습니다. 로마 가톨릭에서도 믿음으로 구원 받는다고 가르치기 때문입니다. 중요한 것은 믿음으로냐, 아니면 오직 믿음으로냐 하는 문제입니다. 루터 당시의 로마 가톨릭은 오직 믿음으로 의롭다 함을 받는다고 가르치지 않았습니다.

루터가 죽기 1년 전인 1545년부터 무려 17년 이상 진행된 로마 가톨릭의 종교회의를 트렌트 종교회의라고 합니다. 1547년 1월에 열린 제 6차 트렌트 회의에서는 칭의 교리에 관하여 논의했습니다. 그 회의의 조항들은 "오직 믿음"의 교리와 정면으로 배치됩니다.

> 신앙조항 9: 누구든지 죄인이 오직 믿음으로 의롭다 함을 받는다고 말하고, 칭의(의화)의 은혜를 얻기 위하여 아무것도 협력할 것이 없다고 하며, 자신의 의지의 행위로써 아무런 준비를 할 필요가 없다고 말하는 자는 저주를 받을지어다.

이 내용은 칭의를 얻기 위해 인간이 하나님과 협력해야 한다는 신인협력설입니다. 이는 성경에 배치되는 주장입니다.

신앙조항 13: 누구든지 죄 씻음을 받기 위하여 자신의 연약함과 죄가 용서함을 받았는지에 대한 불확실함에서 일어나는 주저함도 묵살하고 확신을 가지고 믿어야 한다고 말하는 사람은 저주를 받을지어다.

이 내용은 구원의 확신을 가질 수 없다는 주장입니다. 물론 종교개혁자들 역시 두렵고 떨림으로 구원을 이뤄가야 함을 주장했습니다. 종교개혁 신학이 거부한 것은 한 번 받은 구원이 취소될 수 있다는 로마 가톨릭의 주장이었습니다. 믿음으로 그리스도와 연합하고, 하나님의 자녀가 된 사람은 구원에서 탈락할 수 없기 때문입니다. 지금의 로마 가톨릭은 이 부분에서 변한 것이 없습니다.

그래서 저는 로마 가톨릭의 구원론을 "마일리지 구원론"이라고 부릅니다. 비행기를 타면 마일리지가 쌓입니다. 마일리지가 많이 쌓이면 비행기를 공짜로 탈 수도 있지만, 회원등급이 높아지기도 합니다. 저는 예전에 마일리지가 많이 쌓여서 회원등급이 올라간 적이 있습니다. 회원등급이 올라가면 비행기를 탈 때 줄을 설 필요가 없습니다. 프레스티지 라인으로 바로 들어가니까요. 무료로 실을 수 있는 짐의 무게도 두 배로 늘어납니다. 공항 라운지도 세 번까지 무료로 이용할 수 있습니다. 그러다가 비행기를 많이 타지 않아 등급이 하향조정 되면 그 모든 혜택도 박탈당합니다.

로마 가톨릭의 구원론이 이와 비슷합니다. 로마 가톨릭에서는 구원은 하나님의 은혜로 받지만, 그 은혜는 노력하는 자의 공로 때문에 주어진다고 믿습니다. 불신자가 착하게 살면 그것 때문에 하나님께서 은혜를 주신다는 것입니다. 그들은 또한 하나님의 은혜가 사제의 성사(聖事) 행위를 통해 신자에게 주입된다고 믿습니다. 성사 행위란 세례나 성찬 같은 것입니다.

로마 가톨릭에서는 아담이 원죄를 지었을 때 원의(原義)를 상실했다고 주장합니다. 그런데 우리가 사제를 통해 세례를 받을 때 원의가 마치 물질처럼 신자에게 주입됩니다. 이 (원의의) 은혜를 받은 사람은 독특한 성향이 생겨서 선행을 시작할 수 있게 됩니다. 그렇게 믿음에 선행이 계속 쌓이면 그것이 공로가 되어 최종적인 구원이 주어진다고 로마 가톨릭은 믿습니다.

그렇기에 로마 가톨릭에서는 선행이 충분히 쌓이지 않으면 처음 받았던 구원의 은혜가 박탈됩니다. 혹은 살다가 큰 죄를 지어도 구원을 박탈당합니다. 그래서 그들은 사제를 제외한 일반 교인들은 죽을 때까지 결코 구원의 확신을 가질 수 없다고 가르칩니다.

반면에 종교개혁자들에 의하면 오직 믿음으로 구원이 확정되며, 선행은 믿음의 열매입니다. 분명히 열매가 있어야 하지만 그 열매의 개수에 따라서 구원이 확정되는 것은 아닙니다. 신자는 당연히 거룩하게 살기 위해 노력하며, 살다가 큰 죄, 예를 들어 다윗과 같이 살인이나 간음을 행한 자라도 그가 참된 신앙을 가졌다면 반드시 회개하게 됩니다. 물론 이런 말을 듣고서 '그럼 나도 그런 큰 죄를 한번 지어볼까?'라고 생각하는 사람은 없을 것입니다. 루터와 칼뱅은 그렇게 생각하는 사람에게 "당신은 아직도 참된 믿음이 무엇인지 모르고 있다."라고 말할 것입니다.

　로마 가톨릭의 마일리지 구원론은 오늘날 우리 주위에도 팽배해 있습니다. 로마 가톨릭뿐 아니라, 대부분의 이단은 마일리지 구원론을 가지고 있습니다. 여호와의 증인과 신천지가 대표적입니다. 어쩌면 우리 개신교 안에도 마일리지 구원론이 들어와 있을 수 있습니다. 이를 근절하려면 철저하게 말씀을 붙들어야 합니다. 이제 갈라디아서 본문을 통해서 그 내용을 살펴보겠습니다.

우리는 예수 그리스도를 믿음으로 의롭게 되었습니다.

갈라디아서는 아주 독특한 상황에서 기록된 성경입니다.[8] 만일 여러분이 힘써 이뤄놓은 결과를 누군가가 망친다면 어떻게 하겠습니까? 일평생 모아놓은 재산인데 사기를 당한다든지, 잘 키운 소중한 자녀

8　갈라디아서 주석은 아래의 책들이 좋다. Douglas J. Moo, *Galatians*, Baker Exegetical Commentary on the New Testament (Grand Rapids, MI: Baker Academic, 2013: 부흥과개혁사 역간); Richard N. Longenecker, *Galatians*, vol. 41, Word Biblical Commentary (Dallas: Word, Incorporated, 1998: 솔로몬 역간); F. F. Bruce, *The Epistle to the Galatians: A Commentary on the Greek Text*, New International Greek Testament Commentary (Grand Rapids, MI: Eerdmans, 1982); Timothy George, *Galatians*, vol. 30, The New American Commentary (Nashville: Broadman & Holman Publishers, 1994); John R. W. Stott, *The Message of Galatians: Only One Way*, The Bible Speaks Today (Downer's Grove, IL: InterVarsity Press, 1986: 한국 IVP 역간).

가 납치를 당한다든지, 아니면 여러 해 전 뉴스에 나온 것처럼 1등으로 달리던 마라톤 선수가 괴한에 의해 넘어져 경기를 못하게 된 일을 생각해 볼 수 있습니다.[9] 그럴 때 사람들은 너무나 분통이 터질 것입니다. 바울이 갈라디아서를 쓰고 있을 때 바로 그런 심정이었습니다.

바울이 갈라디아 지역을 선교한 이후에 교란케 하는 자들(갈 1:7)과 거짓 형제들(갈 2:4)이 갈라디아 교회에 들어왔습니다. 그들의 주장들 가운데 가장 심각한 것은 그리스도를 믿어도 유대교식으로 율법을 지키지 않으면 구원을 받을 수 없다는 것이었습니다. 그들은 그리스도 외에 다른 것을 의지하여 구원을 이루려는 자들이었습니다. 사도 바울은 그런 주장에 맞서 오직 그리스도를 믿음으로 의롭게 된다는 것을 다시 설파하였습니다.

> 사람이 의롭게 되는 것은 율법의 행위로 말미암음이 아니요 오직 예수 그리스도를 믿음으로 말미암는 줄 알므로 우리도 그리스도 예수를 믿나니 이는 우리가 율법의 행위로써가 아니고 그리스도를 믿음으로써 의롭다 함을 얻으려 함이라(갈 2:16a)

이 구절에서 바울은 율법의 행위가 아니라 오직 예수 그리스도를

---

9 "2004 아테네 올림픽 마라톤 경기에서 1위로 달리던 브라질의 반데를레이 리마를 덮쳐 쓰러뜨렸던 괴한은 종말론 추종자인 코넬리우스 호런(57·사진)이라는 아일랜드 남성으로 밝혀졌다." (2004.8.31. 동아일보. https://goo.gl/Sg4ZdT ; 2021.6.2. 접속)

믿음으로 의롭게 된다는 말을 두 번이나 반복하고 있습니다. 바울은 왜 오직 그리스도를 믿음으로 의롭게 된다고 말할까요? 16절 하반절에 그 답이 나와 있습니다.

> 율법의 행위로써는 의롭다 함을 얻을 육체가 없느니라(갈 2:16b)

갈라디아서 3장 10절에는 그 내용이 보다 자세히 설명되어 있습니다.

> 무릇 율법 행위에 속한 자들은 저주 아래에 있나니 기록된 바 누구든지 율법 책에 기록된 대로 모든 일을 항상 행하지 아니하는 자는 저주 아래에 있는 자라 하였음이라(갈 3:10)

율법을 행함으로써 의롭게 될 수 없는 이유는 그 누구도 율법 책에 기록된 모든 내용을 항상 지킬 수는 없기 때문입니다.[10] 율법이 문

---

10 여기서 말하는 "율법"은 단지 모세법만이 아니라, 보다 넓은 맥락에서 "행위 일반"을 가리킬 수 있다. Douglas J. Moo, *The Letter of James*, The Pillar New Testament Commentary (Grand Rapids, MI: Eerdmans; 2000), 141: "바울은 유대교의 맥락에서 행위의 문제를 다루고 있기에 여기에서 특별히 토라를 지시하고 있다. 유대교에서는 하나님께 대한 순종으로 행해진 행동이 모세법에 의해서 규정되었다. 그러나 바울이 이 어구를 사용하는 맥락은 그것이 더 큰 범주로서의 "행위"의 하위항목으로 여겨질 수 있음을 보여준다(롬 3:28을 롬 4:1-8과 비교하라). 그렇다면 롬 3:28은 칭의로부터 어떤 종류의 행위든지 배제하는 것이다."

제가 아니라, 인간의 죄악된 상태, 연약한 상태가 문제인 것입니다. 그렇기 때문에 하나님은 오직 그리스도를 믿음으로 구원을 얻는 길을 주셨습니다. 갈라디아서 3장 24절에 의하면, 율법은 다만 우리를 그리스도께로 인도하는 초등교사에 불과합니다.[11]

이제 하나님은 자기 백성들을 율법이 아니라 은혜 아래에 두셨습니다(롬 6:15). 바울 당시의 유대인들은 그 사실을 몰랐습니다. 그래서 그들은 마일리지 구원론에 갇혀 하나님의 은혜를 무시하고 있었습니다.[12]

교리의 개혁이 왜 중요합니까? 잘못된 교리는 신앙생활을 완전히 왜곡시켜 버리기 때문입니다. 마일리지 구원론에 따르면 교회 생활은 하나의 공로를 쌓는 일이 됩니다. 기도, 성경 읽기, 전도, 헌금 생활이 모두 공로로 변합니다. 그 안에서 신자들은 서열화됩니다. 줄을 세워 앞에서부터 끊어서 천국행 티켓을 주는 식입니다. 마일리지 구원론은 다른 사람보다 자기가 더 낫다는 우월감과 교만에 빠지게 하며 외식을 조장합니다. 마일리지 구원론에서는 다른 사람을 판단하고 정죄하기 쉽습니다. 그리하여 신앙의 자유가 박탈당하고 맙니다. 바울은 갈라디아서 5장 1절에서 이렇게 당부합니다.

---

11 (갈 3:24) 이같이 율법이 우리를 그리스도께로 인도하는 초등교사가 되어 우리로 하여금 믿음으로 말미암아 의롭다 함을 얻게 하려 함이라

12 (갈 5:4) 율법 안에서 의롭다 함을 얻으려 하는 너희는 그리스도에게서 끊어지고 은혜에서 떨어진 자로다

그리스도께서 우리를 자유롭게 하려고 자유를 주셨으니 그러므로 굳
건하게 서서 다시는 종의 멍에를 메지 말라(갈 5:1)

예수님은 "진리가 너희를 자유롭게 하리라(요 8:32)"고 하십니다. 우리가 자유를 얻은 것은 예수님의 공로 때문입니다. 예수님은 "수고하고 무거운 짐 진 자들아 다 내게로 오라 내가 너희를 쉬게 하리라(마 11:28)"고 하십니다. 우리의 노력이 아닌 어린양의 보혈로 구원을 얻기 때문입니다.

하나님 앞에서 인간이 의롭게 되는 유일한 길은 하나님의 의가 되시는 예수 그리스도를 믿음으로 붙잡는 것입니다. 우리는 우리의 노력으로 하나님의 사랑을 얻어낼 수 없습니다. 구원은 하나님으로부터 시작됩니다. 구원의 하나님은 인간 안에서 친히 구원을 이루시는 분이지, 인간이 스스로 구원을 이루기를 기다리시는 분이 아닙니다. 루터는 로마서 1장 17절 말씀을 묵상하다가 이 사실을 깨달았습니다. 그는 이렇게 고백했습니다.

"나는 수도사로서 별로 책잡을 것 없는 삶을 살았지만 하나님 앞에서는 양심에 심각한 가책을 느끼며 살았다. 나는 도무지 하나님께서 나를 마음에 들어 하시리라고 믿을 수 없었다. (중략) 사실 나는 하나님께 화가 나 있었다. 나는 원죄로 말미암아 영원히 상실된 사람이었고, 십계명조차 지키지 못한 것 때문에 불행에 휘몰리고 있었다. 복음은 오히려 이런 나를 더욱 괴롭게 만들었다. 복음에는 하나님의 의와 진노가 나타났기 때문이다. 그럼에도 불구하고 나는 바울이 로마서 1장 17절에서

도대체 무엇을 말하고자 하는지 계속 파고들었다. 바울이 원하는 바를 깨닫기 위해 열심히 노력했다. (중략) 밤낮으로 그 말씀을 묵상하는 중에 나는 마침내 깨닫게 되었다. 그 본문에서 "복음에는 하나님의 의가 나타났다"는 말씀은 "의인은 믿음으로 살 것이다"라는 말씀과 같은 의미라는 사실이었다. 하나님의 의는 믿는 우리를 의롭게 하시는 의였다. 그 순간 나는 거의 새로 태어나는 듯 했다. 그리고 활짝 열린 문을 통과하여 천국에 들어가는 것 같았다."[13]

교리의 개혁이 왜 중요합니까? 올바른 교리는 우리에게 구원을 가져다주고, 거룩한 정서인 감사와 기쁨과 평안을 가져다주기 때문입니다.

우리는 예수 그리스도를 믿음으로 그리스도와 연합하였습니다.

이신칭의 교리를 이야기하면서 마지막으로 반드시 짚고 넘어가야 할 문제가 있습니다. 루터가 이신칭의 교리를 회복하고자 했을 때, 로마 가톨릭이 반발하면서 자주 언급했던 구절이 있습니다. 바로 야고보서 2장 24절입니다.

---

13 LW 34:336-337. (강조는 필자의 것이다.)

이로 보건대 사람이 행함으로 의롭다 하심을 받고 믿음으로만은 아니
니라(약 2:24)

이 구절만 따로 떼어서 보면, 마치 오직 믿음으로 의롭다 함을 받
는다는 말이 틀린 것처럼 보입니다. 물론 야고보서가 믿음과 행함으
로 의롭다 함을 받는다는 말을 하고 있는 것은 사실입니다. 그런데 문
제는 야고보서가 말하는 믿음과 행함이 바울 사도가 갈라디아서에
서 말한 믿음과 행함과 어떻게 다른가 하는 것입니다.

야고보서 2장에서 비판 받는 믿음은 사도 바울이 갈라디아서에
서 말하는 믿음이 아니라 가짜 믿음(the bogus faith)입니다.[14] 그야말로
입으로만 믿노라 하고 행함이 전혀 없는 믿음입니다. 동시에 야고보
가 말했던 행함도 역시 그리스도의 의를 대신하여 인간의 공로를 쌓
기 위한 행함이 아니라 믿음의 결과로서 따라오는 선행입니다. 그렇기
때문에 바울 역시 야고보서 2장 24절에 완전히 동의했을 것입니다.
바울도 사람이 단지 입으로 믿는다고 말만 하고 전혀 행동이 뒤따르
지 않는 그런 믿음으로는 의롭다 함을 받을 수 없다고 가르치기 때문
입니다. 이신칭의를 그토록 강조했던 루터는 이렇게 말했습니다. "신
자는 선한 일을 해야 하는지 아닌지를 묻지 않고 이미 그 일을 해 버린
다." 갈라디아서 2장 20절을 보겠습니다.

---

14 Moo, *The Letter of James*, 141.

내가 그리스도와 함께 십자가에 못 박혔나니 그런즉 이제는 내가 사는 것이 아니요 오직 내 안에 그리스도께서 사시는 것이라 이제 내가 육체 가운데 사는 것은 나를 사랑하사 나를 위하여 자기 자신을 버리신 하나님의 아들을 믿는 믿음 안에서 사는 것이라(갈 2:20)

여기서 우리는 사도 바울이 가르치는 믿음의 의미를 보다 더 잘 깨닫게 됩니다. 믿음은 단지 말의 고백이 아닙니다. 참된 믿음은 예수 그리스도를 구주로 믿는다는 고백에서 시작합니다. 주님을 믿는다고 고백하면 어떻게 됩니까? 아주 신비로운 일이 일어납니다. 그렇게 고백한 믿음으로 그리스도와 함께 십자가에 못 박히고, 동시에 그리스도와 함께 다시 살아가는 것입니다. 믿음의 위대함이 여기에 있습니다. 믿음은 우리 마음의 고백이지만 그 믿음을 통해서 우리는 그리스도와 연합하게 됩니다. 그리스도와 내가 사랑의 결속을 이루게 된다는 것입니다. 그 결속이 얼마나 강했던지, 바울은 이제 내가 사는 것이 아니라 내 안에 그리스도께서 사시는 것이라고 합니다.

사랑하는 성도 여러분, 우리가 거룩한 삶을 사는 이유는 그리스도께서 우리를 사랑하시고, 우리 또한 그리스도를 사랑하기 때문입니다. 말씀대로 하면 손해 보는 일, 자존심 상하는 일, 억울한 일을 겪기도 하지만, 오직 그리스도를 사랑하기 때문에 감내합니다. 우리가 믿음으로 그리스도와 연합했기 때문입니다.

세상을 살아가면서 하나님의 말씀대로 사는 것이 너무나 힘들다고 느낄 때, 우리는 "오직 믿음"의 진리를 기억해야 합니다. 나를 위해 죽으신 십자가의 그리스도를 기억할 때, 내가 지는 십자가는 오히려 가볍게 느껴질 것입니다. 우리가 성화의 삶에서 때때로 실패하고 넘어져 자신에게 실망할 때에도 여전히 기억해야 할 것은 "오직 믿음"입니다. 그때 우리는 자신의 모든 경험과는 달리 그리스도께서 "너는 의로운 사람이다."라고 하시는 말씀을 듣게 됩니다. 거기서부터 다시 시작하는 것입니다.

이 믿음이 성경이 우리에게 가르쳐 주는 믿음입니다. 오직 성경!

이 믿음 안에서 우리는 하나님의 은혜가 실제적으로 우리 삶을 지배하고 있음을 깨닫습니다. 오직 은혜!

이 믿음 안에서 우리는 이제 나는 죽고 그리스도께서 사시는 것을 깨닫습니다. 오직 그리스도!

이 믿음 안에서 우리는 자기 자랑에 빠지지도 않고 위선에 빠지지도 않고 다른 사람을 판단하거나 정죄하지도 않고 하나님만을 바라보며 살아갑니다. 오직 하나님께 영광!

오직 이 믿음으로 살아가시기를 축복합니다.[15]

---

15 구약에서 이신칭의를 분명하게 가르치는 말씀으로 다음 구절이 있다. (사 53:10-11) 여호와께서 그에게 상함을 받게 하시기를 원하사 질고를 당하게 하셨은즉 그의 영혼을 속건제물로 드리기에 이르면 그가 씨를 보게 되며 그의 날은 길 것이요 또 그의 손으로 여호와께서 기뻐하시는 뜻을 성취하리로다 그가 자기 영혼의 수고한 것을 보고 만족하게 여길 것이라 나의 의로운 종이 자기 지식으로 많은 사람을 의롭게 하며 또 그들의 죄악을 친히 담당하리로다; (시 32:1-2) 허물의 사함을 받고 자신의 죄가 가려진 자는 복이 있도다 마음에 간사함이 없고 여호와께 정죄를 당하지 아니하는 자는 복이 있도다

Doctrinal Sermon

2

새 언약의 하나님

(예레미야 31:1-6, 31-34)

새 언약의 하나님

1. 여호와의 말씀이니라 그 때에 내가 이스라엘 모든 종족의 하나
님이 되고 그들은 내 백성이 되리라
2. 여호와께서 이같이 말씀하시니라 칼에서 벗어난 백성이 광야에
서 은혜를 입었나니 곧 내가 이스라엘로 안식을 얻게 하러 갈 때
에라
3. 옛적에 여호와께서 나에게 나타나사 내가 영원한 사랑으로 너를
사랑하기에 인자함으로 너를 이끌었다 하였노라
4. 처녀 이스라엘아 내가 다시 너를 세우리니 네가 세움을 입을 것
이요 네가 다시 소고를 들고 즐거워하는 자들과 함께 춤추며 나
오리라
5. 네가 다시 사마리아 산들에 포도나무들을 심되 심는 자가 그 열
매를 따기 시작하리라
6. 에브라임 산 위에서 파수꾼이 외치는 날이 있을 것이라 이르기
를 너희는 일어나라 우리가 시온에 올라가서 우리 하나님 여호
와께로 나아가자 하리라

31. 여호와의 말씀이니라 보라 날이 이르리니 내가 이스라엘 집과 유다 집에 새 언약을 맺으리라

32. 이 언약은 내가 그들의 조상들의 손을 잡고 애굽 땅에서 인도하여 내던 날에 맺은 것과 같지 아니할 것은 내가 그들의 남편이 되었어도 그들이 내 언약을 깨뜨렸음이라 여호와의 말씀이니라

33. 그러나 그 날 후에 내가 이스라엘 집과 맺을 언약은 이러하니 곧 내가 나의 법을 그들의 속에 두며 그들의 마음에 기록하여 나는 그들의 하나님이 되고 그들은 내 백성이 될 것이라 여호와의 말씀이니라

34. 그들이 다시는 각기 이웃과 형제를 가리켜 이르기를 너는 여호와를 알라 하지 아니하리니 이는 작은 자로부터 큰 자까지 다 나를 알기 때문이라 내가 그들의 악행을 사하고 다시는 그 죄를 기억하지 아니하리라 여호와의 말씀이니라

(예레미야 31장 1-6, 31-34절)

종교의 심장 언약

아이들을 키우다 보면 약속을 자주 합니다. 제가 예전에 살았던 집 근처에 MBC 건물이 있었는데, 우리 가족은 그 건물 안에 있는 서점을 "MBC 서점"이라고 불렀습니다. 저는 토요일이 되면 아이들과 MBC 서점에 가기로 약속하곤 했습니다. 토요일 아침이 되면 잠에서 깨어난 아들은 어김없이 "아빠, MBC 서점 가요. MBC 서점에 가기로 약속했잖아요"라고 말합니다. 아이들과 약속했기 때문에 저는 반드시 가야 했습니다. 이 사실은 아이들에게도 마찬가지입니다. "너 그거 하지 마"라고 말하는 것보다, "너 그거 안 하기로 약속했잖아"라고 말하면 더 잘 듣습니다. 아이들이 장난스럽게 하듯 약속, 도장, 복사, 코팅까지 해 놓으면 반드시 그 약속을 지켜야 합니다. 이렇듯 약속에는 힘이 있습니다. 왜냐하면 약속은 나의 인격을 걸고 하는 것이기 때문입니다.

20세기 최고의 네덜란드 신학자 헤르만 바빙크는 "인간관계의 기초는 언약 관계에 있다"라고 말했습니다. 인간관계 중에 중요한 것은 모두 언약 관계, 즉 엄숙한 약속에 기반을 둔 관계입니다. 가정의 기초가 되는 결혼도 부부 사이의 신성한 약속에 근거합니다. 학교나 각종 사회단체, 심지어 국가도 구성원들의 약속에 기반을 두고 있습니다. 이 사실은 종교에도 적용됩니다. 바빙크는 또 "언약에서 참된 종교의 심장이 뛴다"라고 했는데, 언약이야말로 종교의 가장 중요한 부분이라는 뜻입니다.

예레미야 31장 31절

예레미야 31장은 예레미야서 말씀 중 가장 아름다운 본문입니다.[1] 예
레미야 29장까지 하나님은 유다의 심판에 대해서 말씀하십니다. 그러
다가 30장에서 큰 전환이 일어납니다. 회복과 구원의 메시지가 울려
퍼지기 시작합니다. 31장은 이스라엘의 회복에 대한 말씀을 언약으로
인치는 본문입니다. 특히, 예레미야 31장 31절부터 시작되는 말씀은
구약에서 가장 분명한 새 언약 예언이기 때문에 매우 중요합니다.

모으시는 하나님

먼저 31장 1절을 보면 언약 문구가 나옵니다.

---

1 예레미야서 주석은 아래의 책들이 좋다. J. A. Thompson, *The Book of Jeremiah*, The New
   International Commentary on the Old Testament (Grand Rapids: Eerdmans, 1980); R. K.
   Harrison, *Jeremiah and Lamentations: An Introduction and Commentary*, vol. 21, Tyndale
   Old Testament Commentaries (Downers Grove, IL: InterVarsity Press, 1973); F. B. Huey, *Jeremiah,
   Lamentations*, vol. 16, The New American Commentary (Nashville: Broadman & Holman
   Publishers, 1993); Peter C. Craigie et al., *Jeremiah 1-25*, vol. 26, Word Biblical Commentary
   (Dallas, TX: Word, Incorporated, 1991). 이 중에서 TOTC와 WBC는 한글로 번역이 되어 있다.

나 여호와가 말하노라 그 때에 내가 이스라엘 모든 가족의 하나님이 되고 그들은 내 백성이 되리라(렘 31:1)

전쟁으로 말미암아 이스라엘 백성들은 뿔뿔이 흩어지게 되어, 일부는 유대 땅에 남고 일부는 바벨론 땅에 포로로 잡혀가게 되었습니다. 하나님은 흩어진 이스라엘을 다시 하나로 묶어 "가족 공동체(히, 미쉬파하)"로 만들어 주겠다고 하십니다. 하나님은 당신의 백성을 모으시는 분입니다. 초대 교회 성도들은 이 사실을 성찬의 빵을 나눌 때마다 고백했습니다. 주후 2세기 문헌인 『디다케』 9장 4절을 보면 "이 빵 조각이 산들 위에 흩어졌다가 모여 하나가 된 것처럼, 주님의 교회도 땅 끝에서부터 주님 나라로 모여들게 하소서."라는 구절이 있습니다. 주님의 백성을 모아 한 몸을 만드는 것, 이것이 하나님의 구원입니다.

광야의 은혜

2절은 이 사실을 출애굽의 그림을 가지고 설명합니다.

나 여호와가 이같이 말하노라 칼에서 벗어난 백성이 광야에서 은혜를 얻었나니 곧 내가 이스라엘로 안식을 얻게 하러 갈 때에라(렘 31:2)

여기서 "칼에서 벗어난 백성"이란, 적들의 침공에서 살아남은 사람들을 뜻합니다. 그런데 그 살아남은 자들이 광야에서 은혜를 얻었다고 합니다. 이왕이면 멋진 궁궐이나 화려한 저택에서 은혜를 얻게 하시지, 왜 하필 광야에서 은혜를 얻게 하셨을까요? 그것은 이 구원이 또 하나의 출애굽 사건과 같기 때문입니다.[2] 출애굽이 무엇입니까? 종 되었던 이스라엘 백성들이 젖과 꿀이 흐르는 안식의 땅으로 들어가서 하나님의 한 백성이 되는 것입니다. 하나님은 이제 출애굽 역사를 한 번 더 일으켜서 백성들에게 참 안식을 주려 하십니다.

헤세드의 사랑

하나님은 왜 그렇게 하십니까? 그 이유가 3절에 나와 있습니다.

> 나 여호와가 옛적에 이스라엘에게 나타나 이르기를 내가 무궁한 사랑으로 너를 사랑하는 고로 인자함으로 너를 인도하였다 하였노라
> (렘 31:3)

2　참조. J. A. Thompson, *The Book of Jeremiah*, The New International Commentary on the Old Testament (Grand Rapids, MI: Eerdmans, 1980), 566.

"무궁한 사랑으로 너를 사랑했노라. 그래서 인자함으로 너를 인도, 인도했노라"라는 찬양이 있습니다. 저는 길을 가다가도 이 찬양을 부르면 온 세상을 얻은 것처럼 기쁩니다. 하나님이 이스라엘 백성들을 회복시키는 이유는 백성들이 예뻐서도 아니고, 잘나서도 아닙니다. 그들이 거룩하게 살아서도 아닙니다. 그 이유는 하나님의 영원한 사랑과 인자하심 때문입니다. 3절 말씀은 새 언약의 기초가 하나님의 사랑이라는 사실을 분명히 알려줍니다. 인자하심이란 말은 히브리어로 "헤세드"입니다. 헤세드는 구약 성경에서 가장 소중한 단어입니다. 그것은 하나님의 무조건적이고 끈질긴 사랑, 죄인을 용서하시고 아무 조건 없이 받아주시는 은혜의 사랑을 말합니다.

선지자 예레미야는 하나님의 심장에서 터져 나오는 헤세드의 사랑 때문에 이스라엘이 회복된다는 혁명적인 선언을 하고 있습니다. 당시의 이방 종교에는 헤세드에 기초한 언약이 없었습니다.[3] 그러나 예레미야는 선포합니다. "죄인된 우리에게 헤세드의 하나님이 새 언약을 가지고 찾아오신다."[4]

---

3 참조: Herman Bavinck, *Reformed Dogmatics*, ed. John Bolt, trans. John Vriend (Grand Rapids: Baker Academic, 2003-08), II, 196. 헤르만 바빙크, 『개혁교의학』 2권, 박태현 옮김(서울: 부흥과개혁사), 242.

4 참조: Bavinck, *Reformed Dogmatics*, II, 198. 바빙크, 『개혁교의학』, 2: 244-45.

다시(again)

4절부터 6절까지는 포도 수확기 축제 때 여인이 나와서 춤추는 장면이 묘사되어 있습니다. 두 가지가 눈에 띕니다. 첫째는 4절에서 그 여인을 "처녀 이스라엘"(히, 베툴라트 이스라엘)이라고 부르는 것입니다. 이스라엘은 사실 처녀가 아니었습니다. 예레미야는 이미 이스라엘 백성들을 여러 번 창녀로 묘사하였습니다(렘 2:20). 그런데 하나님의 사랑이 다가오자 창녀 같은 이스라엘이 순결한 처녀로 변화되었습니다(4절). 가끔씩 잠들기 전에 하루를 되돌아 보면 '오늘 나는 정말 짐승 같이 살았구나', '오늘 나는 벌레 같이 무가치한 인생을 살았구나' 하며 후회가 될 때가 있습니다. 염치 없지만 그럴 때조차 주님을 바라보면, 창녀를 순결한 처녀로 새롭게 해주시는 하나님의 은혜를 경험할 수 있습니다.

둘째로 주목해야 하는 것은 "다시"(히, 오드)라는 단어입니다. 4절과 5절에 이 말이 반복됩니다.

> 처녀 이스라엘아 내가 다시 너를 세우리니 네가 세움을 입을 것이요 네가 다시 소고를 들고 즐거워하는 자들과 함께 춤추며 나오리라 네가 다시 사마리아 산들에 포도나무들을 심되 심는 자가 그 열매를 따기 시작하리라(렘 31:4-5)

하나님은 "다시" 시작하시는 분이십니다. 관계가 한 번 깨어지면 다시 시작하기 어렵습니다. 뭔가가 망가지면 다시 회복되기란 쉽지 않습니다. 그러나 하나님은 언제든지 다시 시작하실 수 있습니다. 성령님은 생명의 영이십니다. 생명의 영은 다시 태어나고 다시 자라게 하시는 분입니다. 성령님 안에서 우리는 언제나 새롭게 시작하는 마음으로 살아갈 수 있습니다.

성경의 리얼리즘

7절에서 9절에는 포로로 잡혀갔던 자들이 돌아오는 장면이 묘사되어 있습니다. 그들은 다시 하나님과 함께 살기 위해 모여듭니다.

> 보라 나는 그들을 북쪽 땅에서 인도하며 땅 끝에서부터 모으리라 그들 중에는 맹인과 다리 저는 사람과 잉태한 여인과 해산하는 여인이 함께 있으며 큰 무리를 이루어 이곳으로 돌아오리라 그들이 울며 돌아오리니(렘 31:8-9a)

이 구절은 성경의 묘사가 얼마나 생생한지를 알려줍니다. 성경은 모든 것을 아름답게만 묘사하지 않습니다. 다시 시작하는 백성들의 모습은 너무나 연약해 보입니다. 그 중에는 시각 장애인과 지체 장애인, 이방인의 아이를 임신한 여인도 있었습니다. 하나님이 다시 시작하시면 그 어떤 사람도 변화될 수 있습니다. 예수님을 믿어도 변화가 곧장 나타나지 않을 수 있습니다. 성숙한 그리스도인이 되기까지는 시간이 걸립니다. 지금 내 모습이 영적으로 초라하고 연약해 보여도 주님이 우리를 계속 붙들어 주심을 믿고 나아가야 합니다.

하나님은 이스라엘을 매로 호되게 치셨습니다. 징계를 받고 망가진 그들을 이제 하나님은 다시 품으십니다. 20절을 보면 자식을 사랑하는 부모의 마음이 그대로 느껴집니다.

> 에브라임은 나의 사랑하는 아들 기뻐하는 자식이 아니냐 내가 그를 책망하여 말할 때마다 깊이 생각하노라 그러므로 그를 위하여 내 창자가 들끓으니 내가 반드시 그를 불쌍히 여기리라 여호와의 말씀이니라
> (렘 31:20)

자식이 못된 짓을 하면 부모는 매를 들어서라도 고치려 합니다. 하지만 매를 드는 부모의 마음은 결코 편치 않습니다. 금방 매를 거두고, 자식을 안고 약을 바르고 싸매어 줍니다.

22절 말씀에서 예레미야는 이스라엘 백성들의 회복을 재미있게 표현합니다.

> 여호와가 새 일을 세상에 창조하였나니 곧 여자가 남자를 둘러싸리라
> (렘 31:22b)

여기서 "둘러싸리라"라는 말은 전쟁에서 적군을 포위할 때 쓰는 말입니다. '여자'같이 약했던 이스라엘이 그들보다 훨씬 강한 '남자', 즉 적군들을 포위할 수 있을 정도로 강해진다는 뜻입니다.[5] 하나님은 우리를 강하게 만들어 주시는 분이십니다. 여러 가지 세상의 짐과 고민으로 무기력하다가도 말씀과 기도와 찬송 가운데 새 힘을 주시는 하나님의 은혜를 우리는 경험할 수 있습니다.

새 언약

이스라엘 백성들과의 이런 새로운 관계를 하나님은 "새 언약"이라고 말씀하십니다.

> 여호와의 말씀이니라 보라 날이 이르리니 내가 이스라엘 집과 유다 집에 새 언약을 맺으리라 이 언약은 내가 그들의 조상들의 손을 잡고 애굽 땅에서 인도하여 내던 날에 맺은 것과 같지 아니할 것은 내가 그들의 남편이 되었어도 그들이 내 언약을 깨뜨렸음이라 여호와의 말씀이니라(렘 31:31-32)

---

5 John Calvin, *Commentaries on the Prophet Jeremiah and the Lamentations*, vol. 4 (Bellingham, WA: Logos Bible Software, 2010), 134; 제럴드 코운 외 2인, 『예레미야 26-52』, WBC 성경주석, 정일오 옮김(서울: 솔로몬, 2006), 244도 참조.

하나님은 새 언약이 유다 백성뿐만 아니라 이미 오래 전에 멸망했던 이스라엘 백성까지 포함된다고 말씀하십니다. 새 언약이 하나님의 모든 백성을 아우르는 큰 언약이 된다는 뜻입니다. 그 언약은 이전의 출애굽 언약과는 다릅니다. 해방과 안식을 얻게 한다는 점에서 출애굽과 유사하지만, 사실은 그보다 더 뛰어나다는 뜻입니다. 하나님은 이미 많은 언약들을 자기 백성들과 맺으셨습니다. 창세기 1-2장의 창조 언약, 창세기 3장의 원시 복음, 창세기 6, 8-9장의 노아 언약, 창세기 12, 15장의 아브라함 언약, 출애굽기 20장의 모세 언약, 사무엘하 7장의 다윗 언약이 그것입니다. 그러나 이 언약보다 새 언약이 훨씬 더 탁월합니다. 그 이유가 33절에 나옵니다.

> 그러나 그 날 후에 내가 이스라엘 집과 맺을 언약은 이러하니 곧 내가 나의 법을 그들의 속에 두며 그들의 마음에 기록하여 나는 그들의 하나님이 되고 그들은 내 백성이 될 것이라 여호와의 말씀이니라(렘 31:33)

칼뱅은 구약 시대 성도들도 우리와 같은 길을 걸었지만, 아직 태양이 완전히 떠오르지 않아서 어두운 길을 걸었다고 비유합니다. 하지만 우리에게는 밝은 빛 곧 그리스도와 성령의 빛이 주어졌습니다.[6] 옛

---

6 John Calvin, *Commentaries on the Epistles of Paul to the Galatians and Ephesians* (Bellingham, WA: Logos Bible Software, 2010), 107 (갈 3:23에 대한 주석).

새 언약의 하나님 53

언약은 돌판이나 두루마리에 기록되었지만, 새 언약은 마음에 기록됩니다. 이 말은 사람들이 새 언약을 받아들이기 싫어하는데도 하나님께서 억지로 마음에 새긴다는 것이 아닙니다. 새 언약이 사람들의 마음에서부터 깊이 환영을 받는다는 뜻입니다. 너무 감사해서 그 언약을 받아들이는 것이 새 언약입니다. 마음을 바꾸시는 성령님의 역사와 더불어 체결되는 것이 새 언약입니다. 또한 새 언약은 아주 경험적입니다.

> 그들이 다시는 각기 이웃과 형제를 가리켜 이르기를 너는 여호와를 알라 하지 아니하리니 이는 작은 자로부터 큰 자까지 다 나를 알기 때문이라 내가 그들의 악행을 사하고 다시는 그 죄를 기억하지 아니하리라 여호와의 말씀이니라 (렘 31:34)

옛 언약은 이스라엘 백성 공동체와 집단적으로 맺은 언약이었습니다. 그러나 새 언약은 한 사람 한 사람이 하나님의 용서를 깊이 경험하고, 하나님과 인격적으로 교제하는 언약입니다.

새 언약의 온전한 성취, 예수 그리스도

그렇다면 새 언약은 언제 성취되었을까요? 38-40절을 보면 예루살렘 성이 재건되는 장면이 나옵니다. 이것만 보면 새 언약은 바벨론 포로에서 돌아올 때 성취되었다고 말할 수도 있습니다. 그러나 온전히 성취된 것은 아니었습니다. 새 언약은 예수 그리스도로 말미암아 온전히 성취되었습니다. 히브리서 8장과 9장에 그 사실이 자세하게 기술되어 있습니다(히 8:7-13; 9:15). 고린도전서 11장 25절에 보면, 예수님께서는 잡히시기 전 마지막 유월절 만찬에서 "이 잔은 내 피로 세운 새 언약이니 이것을 행하여 마실 때마다 나를 기념하라"고 말씀하십니다. 그리스도께서 십자가 위에서 흘리신 피가 새 언약의 기초입니다. 예수 그리스도 안에서 하나님의 사랑이 온전히 드러났기 때문입니다. 기독교의 영광은 그리스도께서 세우신 은혜 언약의 확고함에 있습니다.[7]

스쳐 간다

일본의 기독교 작가 엔도 슈사쿠의 『사해 부근에서』를 보면, 예수님과 빌라도의 대화가 나옵니다.[8]

예수님이 빌라도에게 말합니다.

---

7   Bavinck, *Reformed Dogmatics*, II, 204. 바빙크, 『개혁교의학』, 2: 252-53.

8   박완서, 『못 가본 길이 더 아름답다』 (서울: 현대문학, 2010), 152-53에서 재인용 및 수정.

"나는.... 한 사람 한 사람의 인생을 스쳐 간다고 말했습니다."

빌라도가 묻습니다.

"그렇다면 내 인생도 스쳐 갈 셈인가?"

"그렇습니다."

"그리고 내 인생에도 그대의 흔적을 남길 셈인가?"

"그렇습니다."

잠시 상념에 빠진 빌라도가 말합니다.

"나는 그대를 잊을 걸세."

"당신은 잊을 수가 없을 겁니다. 내가 한 번 그 인생을 스쳐 가면 그 사
람은 나를 잊지 못하게 됩니다."

예수님의 이 단호한 말에 빌라도가 놀라서 묻습니다.

"왜 그렇지?"

예수님은 이렇게 대답합니다.

"내가 스쳐간 그 사람을 나는 언제까지나 사랑하기 때문입니다."

우리는 '이때까지는 그럭저럭 살아왔는데, 앞으로 과연 잘 해낼 수 있
을까?'하고 염려하곤 합니다. 그런 우리에게 주님은 안심하라고 말씀
하십니다. 주님은 변치 않는 새 언약 안에서 우리를 사랑하시고, 우리
에게 날마다 새 힘을 주십니다. 인생을 살아갈수록 어떤 삶을 사느냐
가 중요한 게 아니라, 주님 안에서 그 삶을 살았느냐가 중요하다는 것
을 느낍니다. 새 언약의 주님은 지금도 우리에게 찾아오십니다. 우리
모두 그 주님을 붙들고 승리하며 살아가십시다. 아멘.

Doctrinal Sermon

3

연합시키는 세례

(고린도전서 10:1-13)

연합시키는 세례

1. 형제들아 나는 너희가 알지 못하기를 원하지 아니하노니 우리 조상들이 다 구름 아래에 있고 바다 가운데로 지나며
2. 모세에게 속하여 다 구름과 바다에서 세례를 받고
3. 다 같은 신령한 음식을 먹으며
4. 다 같은 신령한 음료를 마셨으니 이는 그들을 따르는 신령한 반석으로부터 마셨으매 그 반석은 곧 그리스도시라
5. 그러나 그들의 다수를 하나님이 기뻐하지 아니하셨으므로 그들이 광야에서 멸망을 받았느니라
6. 이러한 일은 우리의 본보기가 되어 우리로 하여금 그들이 악을 즐겨 한 것 같이 즐겨 하는 자가 되지 않게 하려 함이니
7. 그들 가운데 어떤 사람들과 같이 너희는 우상 숭배하는 자가 되지 말라 기록된 바 백성이 앉아서 먹고 마시며 일어나서 뛰논다 함과 같으니라

8. 그들 중의 어떤 사람들이 음행하다가 하루에 이만 삼천 명이 죽었나니 우리는 그들과 같이 음행하지 말자

9. 그들 가운데 어떤 사람들이 주를 시험하다가 뱀에게 멸망하였나니 우리는 그들과 같이 시험하지 말자

10. 그들 가운데 어떤 사람들이 원망하다가 멸망시키는 자에게 멸망하였나니 너희는 그들과 같이 원망하지 말라

11. 그들에게 일어난 이런 일은 본보기가 되고 또한 말세를 만난 우리를 깨우치기 위하여 기록되었느니라

12. 그런즉 선 줄로 생각하는 자는 넘어질까 조심하라

13. 사람이 감당할 시험 밖에는 너희가 당한 것이 없나니 오직 하나님은 미쁘사 너희가 감당하지 못할 시험 당함을 허락하지 아니하시고 시험 당할 즈음에 또한 피할 길을 내사 너희로 능히 감당하게 하시느니라

(고린도전서 10장 1-13절)

"고린도" "교회"

고린도 교회라는 이름은 "고린도"와 "교회"로 이뤄져 있습니다.[1] 그 교회가 고린도라는 도시에 있었기 때문입니다. 그러나 고린도와 교회라는 두 단어는 어울리지 않습니다. 왜냐하면 고린도는 당시에 지중해 연안에서 가장 번창했던 항구 도시로서, 우상숭배와 음란이 만연했던 곳이었기 때문입니다.[2] 고린도 교회는 바울의 2차 선교 여행 때 세워졌습니다(주후 51년경). 바울은 1년 6개월 동안 고린도 교회에서 사역하며 그들을 지도했습니다. 이후 바울이 자리를 비우게 되었을 때 고

---

1 고린도전서 주석은 아래 주석들이 좋다. Anthony C. Thiselton, *The First Epistle to the Corinthians: A Commentary on the Greek Text, New International Greek Testament Commentary* (Grand Rapids, MI: Eerdmans, 2000); 앤토니 티슬턴, 『고린도전서: 해석학적 & 목회적으로 바라본 실용적 주석』, 권연경 옮김(서울: SFC, 2011); David E. Garland, *1 Corinthians, Baker Exegetical Commentary on the New Testament* (Grand Rapids, MI: Baker Academic, 2003); Gordon D. Fee, *The First Epistle to the Corinthians*, ed. Ned B. Stonehouse et al., Revised Edition, The New International Commentary on the New Testament (Grand Rapids, MI: Eerdmans, 2014).

2 스캇 헤이프만은 우리가 고대 고린도(기원전 5세기)와 바울 당시의 고린도를 구분해야 한다고 말한다. 성적으로 타락하여 "고린도인들처럼 살다"(*korinthiazesthai*)라는 말이 "간통을 행하다"라는 말과 동일시됐던 것은 아리스토파네스가 고대 고린도를 가리켜 했던 말이다. 그럼에도 불구하고 바울 당시의 고린도 역시 고대 고린도처럼 우상숭배와 성적 타락이 만연했었다고 헤이프만은 지적한다. S. J. Hafemann, "Corinth," Gerald F. Hawthorne, Ralph P. Martin, and Daniel G. Reid, eds., *Dictionary of Paul and His Letters* (Downers Grove, IL: InterVarsity Press, 1993), 172-73.

린도 교회는 세속의 영향을 받게 되었습니다.

바울이 고린도 교회에 편지를 보낸 까닭도 그것 때문입니다. 고린도 교회는 신약성경에 나오는 교회들 중에 가장 문제가 심각한 교회였습니다. 교회가 고린도 도시에 만연했던 우상숭배와 음란이라는 문제에 걸려 넘어졌기 때문입니다. 바울은 본문에서 이 두 가지를 다루고 있습니다.

형제들아

1절은 "형제들아 나는 너희가 알지 못하기를 원하지 아니하노니(고전 10:1)"라고 시작합니다. "형제들아"라는 말은 고린도 교회를 지칭하는 표현입니다. 바울 서신에서 수신자의 호칭이 나오는 것은 주제가 전환된다는 사인입니다. 그렇게 문제가 많았음에도 바울은 여전히 고린도 교회를 형제들이라고 부르고 있습니다. 바울은 문제가 많다는 이유로 고린도 교회를 쉽게 포기하지 않았습니다. 끝까지 붙들고 형제로 여기며 도와주려고 했습니다.

나는 너희가 알지 못하기를 원하지 아니하노니

이어서 바울은 "나는 너희가 알지 못하기를 원하지 아니하노니"라고 합니다. 12장 1절에도 비슷한 표현이 나옵니다.

> 형제들아 신령한 것에 대하여 나는 너희가 알지 못하기를 원하지 아니
> 하노니(고전 12:1)

이 표현은 명확히 알지 못하고 있는 것을 확실하게 알려주려고 할 때 사용됩니다. 목회적인 지침을 주기에 앞서 분명한 신학적 근거를 제시할 때 바울은 종종 이렇게 표현했습니다. "나는 너희가 알지 못하기를 원하지 아니하노니."

구약 이스라엘 백성들은 "우리" 조상

바울은 이제 구약 시대 이스라엘 백성들의 경험을 말씀합니다. "우리 조상들이"라는 표현에는 구약의 이스라엘 백성들이 유대인의 조상일 뿐 아니라, 신약의 이방인 성도들의 조상이기도 하다는 의미가 함축되어 있습니다. 구약 이스라엘 백성들의 이야기는 곧 우리를 위한 이야기이기도 하다는 것입니다. 존 파이퍼 목사님은 그런 점에서 "구약

이스라엘 백성들의 이야기는 우리들의 일기장과 같다"고 했습니다.[3] 본문에는 "우리 조상들이 다 구름 아래에 있고 바다 가운데로 지나며"라며, 출애굽의 역사가 언급되고 있습니다. 구름기둥이 그들을 인도하였으며, 그들은 홍해를 마른 땅처럼 건넜습니다.

모세에게 속하여 다 구름과 바다에서 세례를 받고

2절이 이 설교의 핵심구절입니다.

> 모세에게 속하여 다 구름과 바다에서 세례를 받고(고전 10:2)

이 말씀에서 바울 사도는 세례에 대해 두 가지를 가르칩니다. 첫째, 세례는 "구름과 바다"를 경험하는 것입니다. 즉, 세례는 구원의 경험을 가리킵니다. 둘째로, 세례는 "모세에게 속하여" 받는 것입니다. 여기서 "모세에게 속하여"라는 말은 "그리스도에게 속하여(롬 6:3; 갈 3:27; 참고. 마 28:19; 행 8:16; 19:5; 고전 1:13)"라는 말과 유사한 표현입니다.[4]

---

3 구약의 인물들이 예표와 대형의 역할을 한다는 것에 대해서는 우병훈, 『구속사적 설교』(군포: 도서출판 다함, 2021)에서 같은 본문인 고전 10:1-13에 대한 설교의 서론 부분(40-44쪽)을 참조하라.

4 David E. Garland, *1 Corinthians*, Baker Exegetical Commentary on the New Testament

그리스도와 연합시키는 세례

> 무릇 그리스도 예수와 합하여 세례를 받은 우리는 그의 죽으심과 합하
> 여 세례를 받은 줄을 알지 못하느냐(롬 6:3)

> 누구든지 그리스도와 합하기 위하여 세례를 받은 자는 그리스도로 옷
> 입었느니라(갈 3:27)

초대교회는 세례를 "그리스도와 연합하는 의식"이라고 생각했습
니다. 그래서 그들은 "그리스도 안으로 세례를 받는다"라는 표현을 자
주 썼습니다. 바울은 바로 그 표현을 가져와서, 구약의 이스라엘 백성
들 역시 모세 안으로 세례를 받았다고 말합니다. 이것은 모세와 연합
하여 모세의 지도 안으로 편입되는 것을 뜻합니다. 그렇게 되면 모세
가 누렸던 약속을 동일하게 함께 누리게 됩니다. 마찬가지로 그리스
도 예수와 합하여 세례를 받은 사람은 모두 예수 그리스도와 연합하
게 되고, 그분의 지도를 받으며, 그분의 구원을 누리게 됩니다.

바로 이런 연합을 위하여 예수님께서 먼저 세례를 받으셨습니다.
세례라는 것은 원래 죄를 씻는 것입니다. 죄가 없으신 예수님은 왜 세
례를 받으셨을까요? 그것은 주님께서 세례를 받으심으로 우리 인간들

(Grand Rapids, MI: Baker Academic, 2003), 450.

과 연합하시기 위함이었습니다.[5]

하나님의 백성들을 연합시키는 세례

그와 동시에 세례는 우리를 서로 연결시킵니다. 본문 3, 4절이 그것을
말해 줍니다.

> 다 같은 신령한 음식을 먹으며 다 같은 신령한 음료를 마셨으니 이는 그
> 들을 따르는 신령한 반석으로부터 마셨으매 그 반석은 곧 그리스도시
> 라(고전 10:3-4)

여기서 "다 같은(판테스 토 아우토)"이라는 말은 이스라엘 백성들이 구
름과 바다에서 받은 세례, 모세에게 속하게 되는 그 세례로 말미암아
모두 다 하나가 되었음을 강조하고 있습니다.

---

5 (마 3:15) 예수께서 대답하여 이르시되 이제 허락하라 우리가 이와 같이 하여 모든 의를 이루는
   것이 합당하니라 하시니 이에 요한이 허락하는지라

초대 교회의 세례

초대 교회의 예배는 두 부분으로 나눠져 있었습니다. 1부는 찬송, 기도, 설교가 들어가 있었습니다. 이 시간에는 모든 사람이 참석해도 됩니다. 2부는 성찬식 순서였습니다. 이때는 오직 세례 받은 사람들만이 참석할 수 있었습니다.

당시에 세례의 기준과 절차는 매우 엄격했습니다.[6] 사도행전을 보면 예수님을 믿으면 바로 세례를 받는 장면을 보게 됩니다. 대부분의 개종자들이 유대인이라 신앙생활에 대해서 잘 알고 있었기 때문이지요. 시간이 흐르면서 이방인 회심자들도 많아지게 되자 세례 준비 기간이 필요해졌습니다. 3세기부터는 보통 3년 동안 세례를 준비했습니다.[7] 이 기간 동안 기독교 교리를 배워야 했고, 삶으로 자신의 신앙을 증명해야 했습니다. 마지막으로 세례 받기 전에 신앙의 기본에 대한 질문들을 받았고, 공적으로 고백했습니다.

세례는 1년에 한 번 부활절 아침에 행해졌습니다. 3세기 초부터 세례 받는 이들은 금요일부터 주일 아침까지 계속 금식했습니다. 뿐만 아니라 세례 주는 이와 온 교회 성도들도 하루나 이틀 금식하도록 권

---

6   이하 곤잘레스, 『초대교회사』, 161-162쪽 참조.

7   히폴리투스(주후 170/175년경-236.8.13), 『사도전승』, 20장; 21장 유아세례 부분.

면했습니다.[8] 세례는 이 공동체와 나는 이제 생사고락을 같이 한다는 것을 뜻했기 때문에 온 성도가 관심을 가졌습니다. 보통 그들은 흐르는 물에서 침례를 받았습니다. 침례 후에는 그리스도의 새 생명을 상징하는 흰옷을 받았고(예수 그리스도로 덧입는다: 골 3:9-12, 계 3:4), 안까지 완전히 정화되었다는 의미로 깨끗한 물을 마셨습니다. 그 후에는 기름을 발라 제사장 신분이 되었음을 표시하였고, 우유와 꿀을 주어서 약속의 땅에 들어감을 나타냈습니다. 세례는 보통 흐르는 물에서 받았지만, 흐르는 물이 없는 경우에는 물을 뿌리는 것으로도 가능했습니다. 환자들을 위해서는 찬 물 대신에 따뜻한 물에 침례 받는 것도 허용되었습니다.[9] 여러분들 중에도 침례교는 침례를 하는데, 다른 교단은 왜 물만 뿌리는 세례를 주냐고 궁금해 하는 분이 있을 것입니다. 사실 이런 외적인 형식은 그렇게 문제가 되지 않습니다. 초대 교회 때부터 세례의 형식보다는 의미를 더 중시했습니다. 중요한 것은 엄격한 세례를 통해서 초대 교회 성도들이 강력한 공동체 의식을 갖게 되었다는 사실입니다.

이처럼 세례는 두 가지 연합을 상징적으로 보여줍니다. 첫째는 그리스도와의 연합이고, 둘째는 성도들 사이의 연합입니다. 세례를 받

---

8 『디다케』7장.

9 『디다케』7장.

았다면 우리 모두는 그리스도와 연합하였고, 성도들과 연합하였음을
믿어야 합니다.

세례의 연합이 깨어지는 경우

그런데 세례를 통해 그리스도와 연합되고 하나님의 백성들과 연합되
었어도 그 연합이 깨어질 수 있다는 사실을 본문이 가르치고 있습니
다. 바울 사도가 이스라엘 백성들의 경험을 이야기하는 것도 그것 때
문입니다.

　구원 받은 사람은 절대 구원에서 떨어질 수 없습니다. 그러나 세례
받았다고 해서 다 구원 받는 것은 아닙니다. 그러므로 세례 받았다고
해서 그에 만족하면서 그리스도와의 연합과 교회와의 연합을 소홀히
한다면, 그 사람은 타락한 이스라엘 백성들처럼 하나님과의 진정한 연
합을 경험한 적이 없는데 마치 연합되어 있는 것처럼 착각하면서 살
수 있습니다. 그렇기 때문에 우리는 항상 넘어지지 않도록 조심해야
합니다(12절).

네 가지 죄악

바울 사도가 특별히 지적하는 죄악은 네 가지입니다. 우상숭배(7절), 음행(8절), 하나님을 시험함(9절), 원망(10절)입니다.

우상숭배는 하나님보다 다른 것을 더 사랑하는 것입니다. 인생에서 하나님보다 더 사랑하는 것이 있다면, 성공이든, 돈이든, 이성친구든, 쾌락이든, 인기든 모두 우상이 될 수 있습니다.

음행은 성적인 타락입니다. 특별히 청년의 시기에는 성적으로 타락하기가 쉽습니다. 항상 조심해야 합니다. 우리 인생에는 언제나 성적으로 타락할 수 있는 위기의 때가 적어도 한번은 옵니다. 그럴 때 요셉처럼 뿌리치고 하나님께로 달려가느냐, 다윗처럼 넘어지느냐, 우리는 선택해야 합니다.

하나님을 시험한다는 것은 두 가지입니다. 첫째는 하나님이 계신지, 안 계신지 의심하는 것입니다(출 17:7). 둘째는 하나님과 더불어 싸우며 하나님께 반항하는 것입니다. 신앙생활을 하면서 하나님이 정말 계신지 의심이 들 때가 있습니다. 때로는 하나님이 미워지는 순간도 있을 수 있습니다. 우리 삶에 고통과 어려움이 지속적으로 찾아오면 더욱 그렇습니다. 그런 순간에도 우리는 하나님을 붙들어야 합니다. 고통의 순간에 하나님을 떠나거나 하나님께 반항하는 것은 하나님의 사랑을 망각한 어리석은 일입니다.

원망이란 하나님께서 나에게 주신 환경에 감사하지 못하고 불평

하며 하나님을 싫어하는 것입니다(민 11:1; 14:2-4). 이스라엘 백성들의 광야 생활을 한 마디로 정리하면 바로 원망입니다(민 14:36; 16:41, 49; 17:5, 10). 불평이 습관이 된 사람을 종종 볼 수 있습니다. 그런 사람은 하나님께서 우리 삶에 주신 복과 선물을 보지 못합니다. 우리는 원망과 불평으로 가득한 이스라엘이 멸망당했다는 사실을 잊어서는 안 됩니다.

우리를 지키시는 그리스도

우리는 그렇게 살아서는 안 됩니다. 우리는 그리스도와의 연합과 교회와의 연합을 굳게 지켜내야 합니다. 그런 우리에게 복된 소식이 있습니다. 하나님은 우리가 감당할 수 있는 일만 허락하신다는 사실입니다.

> 사람이 감당할 시험 밖에는 너희가 당한 것이 없나니 오직 하나님은 미쁘사 너희가 감당하지 못할 시험 당함을 허락하지 아니하시고 시험 당할 즈음에 또한 피할 길을 내사 너희로 능히 감당하게 하시느니라
> (고전 10:13)

여러분의 인생을 돌이켜 보십시오. 어려운 일들도 많았으나 지금까지 잘 살아오고 있지 않습니까? 하나님은 여러분이 이겨낼 수 있는 어려움만을 허락하십니다. 하나님은 주님의 백성들이 시험을 견디지

못해 그 안에서 멸망하도록 그냥 두지 않으십니다. 하나님은 시험 당할 즈음에 피할 길을 주십니다. 광야 이스라엘 백성들의 경험이 그러했습니다. 그들이 배고파서 죽겠다는 생각이 들 때 하나님은 만나를 주셨습니다. 그들이 목말라서 죽겠다는 생각이 들 때 하나님은 반석에서 물을 내셨습니다.

4절에서 사도 바울은 물이 터져 나온 그 반석이 그리스도라고 합니다. 무슨 말입니까? 그리스도께서 우리와 함께 하신다는 말입니다. 세례를 통해 우리와 연합하신 그리스도는 결코 우리를 내버려 두지 않으십니다. 언제나 우리와 함께 하시며 우리를 지켜주십니다. 그 은혜를 알 때 우리 마음속에 평안이 찾아옵니다. 어려움과 역경 속에서도 주님 때문에 인내할 수 있게 되는 것입니다.

사랑하는 여러분, 우리와 함께 하시는 그 주님 안에서 힘을 얻어 시험을 이기고, 죄와 더불어 싸우며, 하나님께서 주신 길을 힘차게 달려 나가시기를 주님의 이름으로 권면합니다.

연합시키는 성찬

(고린도전서 11:17-34)

연합시키는 성찬

17. 내가 명하는 이 일에 너희를 칭찬하지 아니하나니 이는 너희의
모임이 유익이 못되고 도리어 해로움이라
18. 먼저 너희가 교회에 모일 때에 너희 중에 분쟁이 있다 함을 듣
고 어느 정도 믿거니와
19. 너희 중에 파당이 있어야 너희 중에 옳다 인정함을 받은 자들
이 나타나게 되리라
20. 그런즉 너희가 함께 모여서 주의 만찬을 먹을 수 없으니
21. 이는 먹을 때에 각각 자기의 만찬을 먼저 갖다 먹으므로 어떤
사람은 시장하고 어떤 사람은 취함이라
22. 너희가 먹고 마실 집이 없느냐 너희가 하나님의 교회를 업신여
기고 빈궁한 자들을 부끄럽게 하느냐 내가 너희에게 무슨 말을
하랴 너희를 칭찬하랴 이것으로 칭찬하지 않노라
23. 내가 너희에게 전한 것은 주께 받은 것이니 곧 주 예수께서 잡
히시던 밤에 떡을 가지사
24. 축사하시고 떼어 이르시되 이것은 너희를 위하는 내 몸이니 이
것을 행하여 나를 기념하라 하시고
25. 식후에 또한 그와 같이 잔을 가지시고 이르시되 이 잔은 내 피
로 세운 새 언약이니 이것을 행하여 마실 때마다 나를 기념하
라 하셨으니

26. 너희가 이 떡을 먹으며 이 잔을 마실 때마다 주의 죽으심을 그가 오실 때까지 전하는 것이니라

27. 그러므로 누구든지 주의 떡이나 잔을 합당하지 않게 먹고 마시는 자는 주의 몸과 피에 대하여 죄를 짓는 것이니라

28. 사람이 자기를 살피고 그 후에야 이 떡을 먹고 이 잔을 마실지니

29. 주의 몸을 분별하지 못하고 먹고 마시는 자는 자기의 죄를 먹고 마시는 것이니라.

30. 그러므로 너희 중에 약한 자와 병든 자가 많고 잠자는 자도 적지 아니하니

31. 우리가 우리를 살폈으면 판단을 받지 아니하려니와

32. 우리가 판단을 받는 것은 주께 징계를 받는 것이니 이는 우리로 세상과 함께 정죄함을 받지 않게 하려 하심이라

33. 그런즉 내 형제들아 먹으러 모일 때에 서로 기다리라

34. 만일 누구든지 시장하거든 집에서 먹을지니 이는 너희의 모임이 판단 받는 모임이 되지 않게 하려 함이라 그밖의 일들은 내가 언제든지 갈 때에 바로잡으리라

(고린도전서 11장 17-34절)

고린도의 특징

고린도는 부유한 도시였습니다. 큰 신전도 여러 개 있었습니다. 고대
사회에서 한 도시가 부를 획득하는 세 가지 방식이 있었습니다. 세금
(tax), 통행세(tall), 공물(tribute)이었습니다. 고린도는 군사적, 경제적으로
매우 중요한 위치에 있었기 때문에 이 세 가지 수입원이 많았습니다.
부자들이 많아짐에 따라 빈부 격차도 심했습니다.

　초대 교회에는 아직 예배당이 없었기 때문에 주로 가정집을 예배
처소로 사용하였습니다. 그럴 때 주로 부유한 성도의 집을 예배 처소
로 삼게 됩니다. 집이 넓어서 많이 모일 수 있기 때문입니다. 그런데 당
시에 부유한 사람의 일반적인 관습은 등급을 나눠서 식사하는 것이
었습니다. 부유한 사람들은 그들끼리 모여서 '트리클리니움'이라는 방
에 모여 식사했습니다. 가난한 사람들은 같은 잔치에 초대 받아도 '아
트리움'이라는 내부 뜰에 모여 식사했습니다.[1] 이것이 오늘 본문의 배
경이 됩니다.

1　티슬턴, 『고린도전서』, 322. "트리클리니움"이란 누워 식사할 수 있는, 세 개의 식탁을 뜻
　함. 로마의 집 내부 그림은 http://www.generationword.com/notes_for_notesbooks_pg/
　corinthians/11_17.htm 참조. (2021.6.28. 접속)

고린도교회를 꾸짖는 사도 바울

> 내가 명하는 이 일에 너희를 칭찬하지 아니하나니 이는 너희의 모임이
> 유익이 못되고 도리어 해로움이라 (고전 11:17)

바울은 고린도 교회를 꾸짖었습니다. 교회 모임이 유익이 안 되고 도리어 해가 될 때가 있었기 때문입니다. 예배로 모인다고 해서 자동으로 은혜가 임하는 것이 아닙니다. 말씀대로 하지 않으면 오히려 예배가 해가 됩니다. 십계명 제 1, 2계명에서 하나님만을 예배할 뿐만 아니라, 어떻게 예배해야 하는지 규정하는 것도 그런 까닭입니다.

고린도 교회의 예배가 은혜롭지 못했던 가장 큰 원인은 교회 안에 "분쟁"이 있었기 때문입니다(18절). 바울은 그들 가운데 참된 자들이 드러나려면, 그들의 모임이 어느 정도 나뉘어야 한다고 주장합니다(19절). 하나님의 말씀을 듣는 자들과 그렇지 않은 자들의 구분이 있어야 한다는 말입니다.

> 먼저 너희가 교회에 모일 때에 너희 중에 분쟁(스키스마)이 있다 함을 듣
> 고 어느 정도 믿거니와 너희 중에 파당(하이레시스)이 있어야 너희 중에
> 옳다 인정함을 받은 자들이 나타나게 되리라 (고전 11:18-19)

고린도교회의 문제

도대체 고린도 교회에 어떤 문제가 생겼기에 바울이 이토록 날카롭게 그들을 야단치고 있을까요? 20-21절이 상황을 설명해 줍니다.

> 그런즉 너희가 함께 모여서 주의 만찬을 먹을 수 없으니 이는 먹을 때에 각각 자기의 만찬을 먼저갖다 먹으므로 어떤 사람은 시장하고 어떤 사람은 취함이라(고전 11:20-21)

고린도 도시처럼 고린도 교회 역시 부유한 사람과 가난한 사람들이 섞여 있었습니다. 특히나 예배 처소는 틀림없이 부유한 사람의 집이었을 것입니다. 그런데 주님의 만찬을 먹을 때조차 부유한 사람은 특별한 방에 모여 자기들이 들고 온 음식들을 실컷 먹고 가난한 사람들은 다른 방에 모여서 음식도 별로 먹지 못한 채 성찬식에 참여했습니다. 성찬식에 참여하는 그들의 마음이 어떠했을까요? 같은 성찬식에 참여하지만 하나 됨을 전혀 누리지 못했을 것이 분명합니다.

세상의 구조와 교회의 능력

사도는 이 일을 그냥 넘어갈 수 없었습니다. 일반 사회라면 그렇게 해도 됩니다. 이방 신전에서 우상 숭배하는 자들은 그렇게 살아도 됩니다. 그러나 주님을 모시고 살아가는 그리스도인들은 그렇게 해서는 안 됩니다. 그래서 바울은 고린도 교회 성도들을 혹독하게 야단치고 있습니다.

> 너희가 먹고 마실 집이 없느냐 너희가 하나님의 교회를 업신여기고 빈궁한 자들을 부끄럽게 하느냐 내가 너희에게 무슨 말을 하랴 너희를 칭찬하랴 이것으로 칭찬하지 않노라(고전 11:22)

교회는 세상 가운데 있기 때문에 세상의 구조가 교회에도 그대로 들어오는 경우가 많습니다. 세상이 경제 문제로 힘들면 교회도 경제 문제로 힘듭니다. 세상이 부자와 가난한 자들 사이에 격차가 크면 교회 성도들 사이에도 그런 격차가 큽니다. 그러나 교회는 교회 안에 들어온 이런 문제를 세상의 방식대로 해결하지 않습니다. 교회는 하나님 나라의 질서와 방식에 따라서, 예수 그리스도의 말씀에 따라서 그 문제를 극복해 냅니다. 그것이 교회의 능력이요 힘입니다.

성찬식의 네 가지 의미

세상의 가치관을 그대로 답습하고 있는 고린도 교회를 향하여 바울은 예수님의 가르침을 상기시켜줍니다. 교회에 문제가 생겼을 때 해결은 언제나 원래의 가르침으로 돌아가는 데 있습니다. 그래서 네덜란드의 개혁신학자 스킬더는 "개혁이란 A, B, C를 회복하는 것이다"라고 했습니다. 23-26절 말씀을 살펴보겠습니다.

> 내가 너희에게 전한 것은(파라디도미) 주께 받은 것이니(파라람바노) 곧 주 예수께서 잡히시던(파라디도미) 밤에 떡을 가지사 축사하시고 떼어 이르시되 이것은 너희를 위하는 내 몸이니 이것을 행하여 나를 기념하라 하시고 식후에 또한 그와 같이 잔을 가지시고 이르시되 이 잔은 내 피로 세운 새 언약이니 이것을 행하여 마실 때마다 나를 기념하라 하셨으니 너희가 이 떡을 먹으며 이 잔을 마실 때마다 주의 죽으심을 그가 오실 때까지 전하는 것이니라(고전 11:23-26)

오늘 설교의 핵심은 바로 이 네 구절입니다. 이 구절은 성찬식의 의미를 너무나도 잘 가르쳐줍니다. 첫째로 성찬식은 예수님께서 제정하신 것입니다. 세례와 성찬의 가장 큰 공통점이 있다면 바로 그것입니다.

둘째, 성찬식은 유월절의 완성입니다. 주님께서 성찬식을 제정하신 시간은 주님께서 십자가에 달려 죽으시기 직전입니다. 그때는 이스라엘의 유월절 만찬이 있는 날이었습니다. 예수님은 유월절을 완성시키시는 분이십니다. 그래서 성찬식을 제정하심으로써 유월절의 참된 의미를 알려주셨습니다. 유월절의 의미가 무엇입니까? 하나님께서 어린 양의 피로 우리를 구원하신다는 것입니다. 이제 하나님의 온전한

양이 되신 예수 그리스도께서 유월절 희생이 되심으로 우리를 구원하셨습니다.

셋째, 성찬식은 새 언약을 제정하는 의식입니다. 언약이란 하나님과 우리를 하나로 묶는 끈입니다. 성찬식을 통해서 우리는 예수님과 연합하게 됩니다.

넷째, 성찬식은 교회 지체들을 하나로 묶는 의식입니다. 이 성찬식에 참여하는 모든 이들은 예수 그리스도의 몸인 교회에 접붙여져 하나가 되었습니다. 그래서 어떤 주석가는 성찬식을 이렇게 표현했습니다.

"들판의 곡식이 따로 떨어져 있다가 빵을 통해 한 덩어리가 되듯이, 우리도 역시 하나가 되었습니다. 포도나무의 포도들이 알알이 떨어져 있다가 포도주가 되면서 하나로 섞이듯이 우리도 역시 그렇게 하나가 되었습니다."[2]

---

2   Marty Haugen, "As the Grains of Wheat," *Evangelical Lutheran Worship*, #465; *Matthew Henry's Concise Commentary*와 *Gill's Exposition of the Entire Bible*에서 고전 10:17의 주석에서 이 표현을 사용함. https://biblehub.com/commentaries/1_corinthians/10-17.htm (2021.11.29. 최종접속)

연합시키는 성찬

예수 그리스도와 연합하고, 지체들과 연합하는 그 연합이 성찬의 가장 중요한 의미입니다. 특히 고린도 교회는 성찬의 네 번째 의미를 훼손하였습니다. 주님께서 사랑하셔서 자기 몸과 피를 주신 지체들을 사랑으로 배려하지 못함으로써, 주님의 뜻을 거슬렀습니다. 그들은 빈부격차에 따른 사회 관습을 성찬식에 그대로 도입함으로써 주님의 몸과 피에 대하여 죄를 짓게 되었습니다.

> 그러므로 누구든지 주의 떡이나 잔을 합당하지 않게 먹고 마시는 자는 주의 몸과 피에 대하여 죄를 짓는 것이니라(고전 11:27)

주님과 연합하지 않고 성찬식에 참여하면 죄가 됩니다. 교회 지체들과 하나 됨을 무시하고 성찬식에 참여하는 것 또한 죄가 됩니다. 고린도 교회는 지체들과 연합함을 무시함으로써 결국 주님과 연합하는 것도 깨뜨리고 말았습니다.

여기서 우리는 신앙생활에서 관계가 얼마나 중요한지 알게 됩니다. 우리는 보통 신앙생활을 하나님과의 수직적인 관계로만 생각하기 쉽습니다. 물론, 하나님을 믿는 것이 신앙입니다. 그러나 하나님을 믿는 사람은 반드시 교회에 속하게 되며, 교회 지체들과 함께 그리스도의 몸을 세우게 되어 있습니다. 신앙은 이 수평적인 관계를 고려합니다. 아무리 하나님과의 관계가 좋더라도 지체들과의 수평적인 관계가 좋지 않다면 그 사람의 경건은 헛된 것입니다. 그런 의미에서 종교개혁자 칼뱅은 "하나님은 성도들의 교제를 통하지 않고서는 우리를 거룩하게 하지 않으신다."라고 하였습니다.

교회에 와서 하나님을 예배하는 것도 중요하지만, 나 한 사람으로 인해 다른 사람이 소외당하거나 상처 받지 않는 것 역시 중요합니다. 우리는 어떻게 하면 다른 성도들에게 그리스도인답게 처신할 수 있을지, 어떻게 하면 우리 공동체가 더욱 하나될 수 있을지 고민해야 합니다.

연합하지 못하는 교회를 향한 하나님의 심판

고린도 교회는 바로 이 점에서 실패하여 하나님으로부터 징계를 받았습니다.

> 그러므로 너희 중에 약한 자와 병든 자가 많고 잠자는 자도 적지 아니하니 우리가 우리를 살폈으면 판단을 받지 아니하려니와 우리가 판단을 받는 것은 주께 징계를 받는 것이니 이는 우리로 세상과 함께 정죄함을 받지 않게 하려 하심이라 (고전 11:30-32)

하나님은 지체들 사이에 하나 되지 못한 교회를 결코 그냥 놔두지 않으십니다. 그런 교회에는 은혜가 떨어지게 하십니다. 그런 교회에는 언약적 징계를 내리십니다.[3] 고대 교부 이그나티우스는 성찬을 '불멸의 약'이라고 불렀습니다. 믿음으로 그것을 먹는 자는 영생을 얻을 것이기 때문입니다. 그러나 성찬을 남용하면, 즉 믿음 없이, 그리스도와 연합하지 못하고, 지체들과 연합하지 않은 채 성찬을 먹는 자는 '독'을 먹는 것과 같은 것입니다.

그리스도의 몸의 지체가 된 우리들

여러분은 지체들을 얼마나 귀하게 여기십니까? 교회의 지체는 단지 정이 들어서 친해진 사람들이 아닙니다. 우리가 교회의 지체가 된 것은 함께 주님의 몸과 피에 참여했기 때문입니다. 그만큼 너무나 귀한 존재들입니다. 그러니 서로를 존귀하게 대하시기 바랍니다. 하나 됨을

---

3 티슬턴, 『고린도전서』, 331; David E. Garland, *1 Corinthians*, Baker Exegetical Commentary on the New Testament (Grand Rapids, MI: Baker Academic, 2003), 553: "바울은 아마도 그들의 분열에 대해 자기에게 말해 준 같은 사람들로부터 이러한 죽음에 대해 들었을 것이다. 그는 이러한 사건을 그들이 주의 성찬을 부적절하게 대한 것과 하나님의 심판에 관련짓는다(참고. 고전 10:4-5). 이그나티우스의 『에베소 교인들에게 보내는 편지』 20장 2절에서 성찬을 '불멸의 약'이라고 보는 견해가 반대로 작용될 수 있다. 성찬을 남용하면 독극물이 될 수 있다(Lietzmann 1949: 59; 고후 2:14-16에 나오는 이미지 참조). 완전을 위한 성찬의 힘은 파괴의 힘이 될 수도 있다(Dunn 1995: 78)."

이루기 위해 노력하시기 바랍니다. 다른 사람에게 사랑과 온유와 친절로 다가가시기 바랍니다. 우리는 다른 사람들을 왕따시켜서는 안 됩니다. 끼리끼리만 노는 것 역시 잘못되었습니다. 교회에서 가장 당 짓기를 좋아하는 사람들은 교회를 오래 다닌 사람들입니다. 특별히 직분자들이 그럴 때가 많습니다. 우리는 이런 일을 극도로 경계해야 합니다.

이미 우리를 하나로 만드신 예수 그리스도

이러한 연합이 과연 가능할까요? 우리 자신의 힘으로 이루려 한다면 가능성이 없습니다. 우리는 본성적으로 이기적인 존재들이기 때문입니다. 우리가 기억해야 할 것은 예수 그리스도께서 우리를 하나로 묶으셨다는 사실입니다. 다른 종교는 인간이 스스로 노력한 만큼 전진하는 것이지만, 기독교는 이미 하나님께서 우리를 위해 다 이뤄놓으신 것을 믿음으로 받는 것입니다. 그토록 분열하기를 좋아하는 우리를 그리스도께서 이미 하나로 묶으셨습니다. 그리스도께서 십자가에 달려 몸이 찢기시고 피 흘리신 까닭은 우리로 다 하나가 되어 주님 안에 거하게 하기 위함입니다(요 17장). 우리 모두 믿음 가운데 이 연합을 신실하게 지켜나가기를 소망합니다. 아멘.

승리하게 하는
기도의 네 가지 은혜

(에베소서 6:18)

승리하게 하는 기도의 네 가지 은혜

모든 기도와 간구를 하되, 항상 성령 안에서 기도하고 이를 위하여
깨어 구하기를 항상 힘쓰며 여러 성도를 위하여 구하라

(에베소서 6:18)

기도, 승리의 비결

산 아래 평원에서는 엄청난 전투가 벌어지고 있습니다. 민족과 민족의 대결입니다. 이긴 민족은 살아남지만, 지면 사라져 버릴지도 모르는 무시무시한 전쟁입니다. 전쟁은 팽팽한 대결로 흘러갑니다. 밀고 밀리는 접전이 펼쳐집니다. 그런데 이상합니다. 전세가 밀릴 때마다 지휘관이 저 멀리 산꼭대기를 쳐다보는 것 아니겠습니까? 꼭대기에 앉아 있던 한 노인이 내렸던 팔을 번쩍 치켜 올립니다. 다시 전세는 역전되어 이쪽이 이깁니다. 노인이 지칠 것 같아 다른 두 사람이 옆에서 팔을 올려줍니다. 결국 전쟁은 이쪽의 승리로 끝납니다. 무슨 광경일까요? 출애굽기 17장 8-16절에 나오는 이스라엘과 아말렉의 전투입니다.

산 아래서는 이스라엘이 아말렉과 싸우고 있었습니다. 그들은 여러 무기들을 갖추었습니다. 사기도 충만했습니다. 지휘관은 유능한 여호수아였습니다. 그런데도 싸움이 결판 나지 않았습니다. 산 위에서 모세가 팔을 들고 기도해야 이길 수 있었습니다. 그래서 아론과 훌이 도와주었습니다. 기도하면 싸움에서 이기고, 안 하면 졌습니다. 우리의 영적 전쟁도 똑같습니다. 우리가 아무리 좋은 무기와 전술을 갖추었다 해도, 기도하지 않으면 영적 싸움에서 패배하게 됩니다.

모든 교훈의 마지막, 기도

에베소서는 위대한 서신입니다.[1] 이 서신에는 하나님의 구원, 교회의 영광, 성도의 삶의 내용이 다 들어 있습니다. 에베소서 1장에서 사도는 삼위 하나님의 구원을 장엄하게 설명합니다. 2장에서 죽었던 자들이 은혜로 다시 살아나며, 이방인과 유대인이 그리스도 안에서 하나된 것을 말씀하고, 3장에서는 교회를 통해 각종 지혜를 알게 하시는 하나님의 경륜이 탁월하다는 사실을 가르칩니다. 4-6장에서는 하나님의 새로운 인류인 성도들의 삶에 관하여, 구체적으로 남편과 아내의 관계, 부모와 자녀의 관계, 상전과 종의 관계에 관하여 다루고 있습니다. 특별히 에베소서 6장 마지막 부분에서는 어둠의 권세를 대항하는 영적인 싸움에서 전신갑주를 입고 사탄을 대적하며 주님의 능력

---

1   에베소서 주석으로는 아래의 주석들이 좋다. 클라인 스노드글래스, 『NIV 적용주석, 에베소서』, 채천석 옮김(서울: 솔로몬, 2014); 존 스토트, 『에베소서 강해: 하나님의 새로운 사회』, BST 시리즈, 정옥배 옮김(서울: IVP, 2011); 길성남, 『에베소서 어떻게 읽을 것인가』(서울: 한국성서유니온선교회, 2005). Peter Thomas O'Brien, *The Letter to the Ephesians*, The Pillar New Testament Commentary (Grand Rapids, MI: W.B. Eerdmans Publishing Co., 1999); Harold W. Hoehner, *Ephesians: An Exegetical Commentary* (Grand Rapids, MI: Baker Academic, 2002); Andrew T. Lincoln, Ephesians, vol. 42, Word Biblical Commentary (Dallas: Word, Incorporated, 1990); F. F. Bruce, *The Epistles to the Colossians, to Philemon, and to the Ephesians*, The New International Commentary on the New Testament (Grand Rapids, MI: Wm. B. Eerdmans Publishing Co., 1984).

으로 살아가야 한다는 사실을 말씀합니다. 이 정도면 충분히 승리할 수 있지 않을까요? 그러나 사도는 기도에 대한 말씀을 마지막으로 덧붙입니다. 기도가 있어야 온전히 승리할 수 있기 때문입니다. 사도는 기도에 대해서 네 가지 명령을 줍니다.

모든 기도와 간구를 하라 1 - 다양한 방식으로 기도하라.

> 모든 기도와 간구를 하되 항상 성령 안에서 기도하고 이를 위하여 깨어 구하기를 항상 힘쓰며 여러 성도를 위하여 구하라(엡 6:18)

사도는 먼저 모든 기도와 간구로 기도하라고 말씀합니다. 사실 기도는 그 내용에 따라 여러 종류가 있습니다. 빌립보서 4장 6절에 보면 기도와 간구, 감사함으로 드리는 기도에 대해 말씀하고 있습니다. 디모데전서 2장 1절에서는 모든 사람을 위하여 간구와 기도와 도고와 감사를 하라고 말씀합니다. 기도의 내용에 따라서 조금씩 다른 이름을 붙인 것입니다.

기도하는 모양에 따라서도, 여러 가지 이름을 붙일 수 있습니다. 어떤 때는 조용히 기도하기도 합니다(묵상기도). 어떤 때는 소리 내어서 기도하기도 합니다(통성기도). 길게 기도하기도 하고, 짧게 기도하기도 합니다. 어떤 때는 그저 눈물만 나오고 말문이 막혀서 계속해서 울먹

이기만 할 때도 있습니다. 다 좋습니다. 오늘 우리에게 주님은 "모든 기도와 간구로 기도하라"고 말씀하고 있기 때문입니다.

예수님도 때로는 고요하게 기도하셨고, 때로는 심한 통곡과 눈물로 간구와 소원을 올리셨습니다(히 5:7). 주님께서는 기도의 방식보다는 내용을 가르쳐 주신 분이십니다. 제자들이 찾아와 기도를 가르쳐 달라고 했을 때(눅 11:1), 주님은 기도의 내용을 주기도문으로 가르쳐 주셨던 것입니다. 형식에는 어느 정도 자유를 주셨다고 볼 수 있습니다. 따라서 우리는 여러 방식의 기도를 활용하여 주님께 나아갈 수 있습니다.

모든 기도와 간구를 하라 2 - 간절하게 기도하라.

그러나 "모든 기도와 간구로"라는 말에, 냉랭한 기도는 해당되지 않는다는 것을 생각해야 합니다. "모든"이란 말은 철저하고 강도 높은 기도를 연상하게 합니다. 특히 "간구"는 애절하게 쏟아놓는 기도, 간절한 기도입니다. 이런 기도야말로 사탄의 공격을 이기고 승리하는 기도입니다. 영적인 전쟁에서 냉랭하고 미지근한 기도는 통하지 않습니다.

탁월한 청교도 토마스 브룩스(1608-1680)는 "뜨거움이 없는 기도는 늘 하늘에 닿기 전에 얼어 버린다."라고 일침을 놓았습니다. 『천로역정』으로 유명한 존 번연(1628-1688)은 "가슴 없는 말보다, 말 없는 가슴으로 기도하는 것이 더 효과적"이라고 말하기도 했습니다. 가슴에서 부터 우러나오는 간절한 기도를 주님께서 원하신다는 뜻입니다. 우리는 모든 기도와 간구로 기도해야 합니다. 철저하게, 강도 높게, 열심히 기도해야 합니다.

항상 성령 안에서 기도하라 1 - 성령 안에서 기도하라.

다음으로 사도는 우리에게 "항상 성령 안에서 기도하라"고 명령합니다. 이것은 언제나, 쉬지 말고 기도하라는 말씀입니다. 간절한 기도를 늘 드리기 위해서는 성령님의 능력이 절대적으로 필요합니다. 그래서 사도는 성령 안에서 기도하라고 말합니다. 세상의 철학이나 처세술로는 마귀를 이길 수 없습니다. 이 어둠의 세상 주관자들을 상대로 승리하려면 성령님 안에서 항상 기도해야 합니다.

우리는 오직 성령님을 통해서만 하나님께 나아갈 수 있습니다. 바울은 에베소서 2장 18절에서 "이는 그로 말미암아 우리 둘이 한 성령 안에서 아버지께 나아감을 얻게 하려 하심이라"라고 했습니다. 우리가 이미 경험상 다 알고 있듯이, 우리가 간절히 주님께 나아갔던 순간은 우리의 힘과 의지가 아니라, 오직 성령님의 도우심으로 나아갔습니다. 사도 바울은 성령님이 우리의 기도를 도우시며, 우리와 함께 하시고, 심지어 기도해야 할 바를 모를 때 우리 대신 하나님의 뜻대로 간구하신다고 가르쳐 줍니다(롬 8:26b). 성령님에 의해 인도 받고 영감 얻은 기도가 가장 최고의 기도입니다.

이렇게 성령님 안에서 기도할 때 어떤 일이 일어날까요? 성령님께서 기도하는 사람의 영혼을 거룩하게 만들어 주십니다. 우리는 일상의 크고 작은 일들을 가지고 주님께 나아갈 수 있습니다. 그 중에 어떤 기도제목들은 우리의 성화(聖化)와는 별로 관련이 없는 것도 있겠지만, 성령님은 그런 기도도 사용하셔서서 우리를 거룩하게 만들어 가십니다. 다양한 일상 가운데 하나님과 관계가 더욱 깊어지면서, 하나님이 그 일을 통해 나에게 주시는 교훈을 깨닫는 것입니다. 어떤 기도든지 성령님 안에서 할 때, 우리의 성품은 점점 더 하나님을 닮아가게 됩니다.[2]

항상 성령 안에서 기도하라 2 - 항상 기도할 수 있는 복을 알라.

또한 "항상 기도하라"는 말씀을 주목해야 합니다. 이 말씀은 "규칙적으로 부단하게" 기도하라는 뜻입니다. 베드로와 요한은 정해진 기도 시간에 성전에서 기도했고(행 3:1), 바울은 주야(晝夜)로 기도했습니다(살

---

2 (엡 5:1) 그러므로 사랑을 받는 자녀 같이 너희는 하나님을 본받는 자가 되고

전 3:10). 사도들의 이러한 모범 때문에 초대 교회 성도들은 규칙적으로, 또한 밤낮으로 기도하였습니다.

그렇다면 사도들이 왜 규칙적으로 기도하고 주야로 기도하였을까요? 바로 예수님의 기도를 본받았기 때문입니다. 복음서를 보면 주님께서 새벽이나 저녁에 기도하셨다는 기록이 나옵니다(막 1:35; 눅 5:16). 주님은 아무리 사역이 바빠도 정해진 시간을 두고 기도하셨습니다. 주님께서 밤이 새도록 기도하셨다는 기록도 있습니다(눅 6:12). 주님의 이런 기도 생활을 본받은 사도 바울은 쉬지 말고 기도하라고 명령합니다(살전 5:17).

여러분은 혹시 기도로 밤을 지새운 적이 있습니까? 주님의 말씀의 은혜에 푹 젖어서 밤을 샌 적이 있습니까? 부담스러운 질문으로 여길 수도 있습니다. '앉아서 10분도 기도하기 힘든데, 어떻게 밤새도록 기도하나', '항상 성령 안에서 기도하라니 아무것도 하지 말고 기도만 하라는 말인가' 라고 생각하실지도 모르겠습니다. 그러나 우리는 항상 기도하라는 이 말씀을 복으로 여길 수 있어야 합니다. 이 말씀은 우리가 기도할 때 언제든지 하나님께서 들으신다는 약속의 말씀이기 때문입니다.

하나님께서 시간을 정해놓으시고 그 시간에만 기도를 들어주신다고 생각해 보십시오. 만일 하나님께서 오전 9시부터 오후 6시 사이에 하는 기도 외에는 듣지 않으신다면 어떨까요? 이른 아침부터 답답한 일이 생겨서 기도하고 싶을 때 어떻게 하겠습니까? 밤 늦게까지 걱정

거리로 기도하고 싶으면 어떻게 해야 하겠습니까? 만일 하나님이 주일에만 기도를 받으신다면 어떨까요? 월요일에 무슨 일이 일어나면, 일주일 내내 속앓이 하면서 힘들지 않겠습니까? 항상 성령 안에서 기도하라는 말씀은 우리가 언제 기도하든지, 우리 기도를 들어 주시겠다는 하나님의 약속입니다. 하나님은 언제나 우리와 함께 하시며, 우리를 지키고 계십니다.

> 이스라엘을 지키시는 이는 졸지도 아니하시고 주무시지도 아니하시리로다(시 121:4)

항상 성령 안에서 기도하라 3 - 항상 주님과 교제하라.

물론 무슨 일이 생겼을 때만 기도하라고 이 말씀을 주신 것은 아닙니다. 오히려 이 말씀은 하나님과 친밀한 교제를 보여줍니다. 지속적으로 기도하면 기도를 통해 맺어지는 하나님과의 교제가 얼마나 은혜로운지 알게 됩니다. 성령님과 동행하는 사람에게는 오히려 그런 기도를 그만 두라고 하는 것이 더 괴롭습니다. 한 시라도 하나님 없는 세상에서 지내라고 하면 괴로워서 못 견디는 사람이 성도입니다.

청교도 윌리엄 거널(1616-1679)은 "역경 속에서만 기도하지 말고 순경 속에서도 기도하라. 기도는 거지의 편법을 쓰는 것이 아니라, 친구의 도리를 지키는 것이다."라고 말했습니다. "항상 성령 안에서 기도하라!" 이 말씀을 받은 우리의 기도는 사귐의 기도로 바뀌어 가야 합니다. 여러분의 기도가 '거지의 기도'에서 '친구의 기도'로 변화되어, "항상 기도"의 복을 누리시기 바랍니다.

모든 성도를 위해 기도하라

이렇게 항상 기도하기 위한 아주 실제적인 방법 두 가지가 있습니다. 첫째, 시간을 정해 놓고 지속적으로 기도해 나가는 것입니다. 매일 정해진 시간을 두고 기도하는 훈련을 하면 머지 않아 항상 기도하는 사람이 될 수 있습니다. 둘째, 오늘 본문이 알려주는 방법처럼, 여러 성도들을 위해서 기도하는 것입니다. 본문의 '여러 성도'는 원어로 '모든 성도'를 뜻합니다. 모든 성도를 위해 기도하는 사람이 기도를 쉴 수 있을까요? 자신만을 위해 기도한다면 기도를 좀 쉬어도 될지 모지만, 모든 성도를 위해 기도하기 시작하면 기도를 쉴 수 없게 됩니다.

이 부분에서 사도 바울은 스스로 모범을 보였습니다. 바울이 쓴 서신서에는 대부분 기도가 들어 있습니다. 그 중에서도 독특하게 에베소서에는 두 번에 걸친 긴 기도가 들어 있습니다(엡 1:15-23; 3:14-21). 바울이 모든 성도를 위해 간구하는 것을 보십시오. 바울의 마음속에는 자신이 복음의 씨앗을 뿌린 그 많은 지역의 성도들이 다 들어 있었습니다. 비록 몸으로는 그들을 떠나 있었지만 마음으로 언제나 함께 했기에 바울은 그들을 위해 쉬지 않고 기도했습니다.

깨어 항상 힘쓰며 기도하라 1 - 인내하면서 기도하라.

마지막으로 생각할 말씀은 "이를 위하여 깨어 구하기를 항상 힘쓰라." 입니다. 이 말씀을 다시 번역해 보면, "모든 인내와 간구로써 깨어 있으라!"라고 할 수 있습니다. 여기에 등장하는 '인내'는 기도에서 필수적인 요소입니다. 성경에서 말하는 인내란 그저 참는 것이 아닙니다. 성경의 인내는 어떤 일에 강하게 집중하는 것을 말합니다. 분명한 목적을 가지고 하나님께 집중하는 것입니다. 예수님의 삶을 기억하십시오. 그분의 삶은 오직 하나님의 뜻에만 집중되어 있었습니다. 인내란 바로 그런 것입니다. 혹시 고난 가운데 기도하고 계십니까? 인내하며 간구하십시오. 상황이 아니라 하나님께 집중하십시오. 그럴 때 우리 주님께서 응답해 주실 것입니다.

깨어 항상 힘쓰며 기도하라 2 - 깨어서 기도하라.

오늘 본문이 가르쳐 주듯이, 인내하기 위해 우리는 깨어 있어야 합니다. 깨어 있다는 것은 기도의 핵심 요소입니다. "모든 기도와 간구로" 기도하기 위해, "성령 안에서 항상" 기도하기 위해, "인내로써" 기도하기 위해 우리는 깨어 있어야 합니다.

깨어 있지 않으면 영적으로 무감각해집니다. 기도하더라도 깨어 있지 못하면, 그 기도가 응답 되더라도 그런지조차 모를 것입니다. 우리가 숱하게 기도한 기도 제목들이 어디로 사라져버렸는지도 모른 채 살아간다면, 기도의 유익을 누릴 수 없을 것입니다. 깨어 있는 사람은 기도하고, 기도하는 사람은 깨어 있습니다.

기도의 네 가지 은혜

오늘 저는 여러분에게 승리하게 하는 기도의 네 가지 은혜를 말씀드렸습니다. 모든 기도와 간구로 드리는 기도, 항상 성령 안에서 드리는 기도, 모든 성도를 위해 드리는 기도, 항상 깨어 인내로 드리는 기도입니다. 이 네 가지 기도의 은혜는 서로 긴밀하게 연결되어 있습니다. 모든 기도로 드리는 사람은 성령님 안에서 항상 기도하게 되어 있고, 성령님 안에서 항상 기도하는 사람은 모든 성도를 위해 간구하며, 모든 성도를 위해 기도하는 사람은 영적으로 항상 깨어 있기 마련입니다.

기도에 대한 사도의 네 가지 명령이 처음에는 부담으로 다가올 수 있습니다. 하지만 이 네 가지 원리에 따라서 기도하다 보면 부담을 넘

어서는 큰 은혜를 경험하게 될 것입니다. 기도하는 가운데 이 네 가지
은혜를 구체적으로 깨닫게 되기를 바랍니다. 아멘.

신성한 성품에 참여하는 길

(베드로후서 1:1-11)

신성한 성품에 참여하는 길

1. 예수 그리스도의 종이며 사도인 시몬 베드로는 **우리 하나님과 구주 예수 그리스도**의 의를 힘입어 동일하게 보배로운 믿음을 우리와 함께 받은 자들에게 편지하노니
2. 하나님과 우리 주 예수를 앎으로 은혜와 평강이 너희에게 더욱 많을지어다
3. 그의 신기한 능력으로 생명과 경건에 속한 모든 것을 우리에게 주셨으니 이는 자기의 영광과 덕으로써 우리를 부르신 이를 앎으로 말미암음이라
4. 이로써 그 보배롭고 지극히 큰 약속을 우리에게 주사 이 약속으로 말미암아 너희가 정욕 때문에 세상에서 썩어질 것을 피하여 **신성한 성품에 참여하는 자**가 되게 하려 하셨느니라

5. 그러므로 너희가 더욱 힘써 너희 믿음에 덕을, 덕에 지식을,
6. 지식에 절제를, 절제에 인내를, 인내에 경건을,
7. 경건에 형제 우애를, 형제 우애에 사랑을 더하라
8. 이런 것이 너희에게 있어 흡족한즉 너희로 우리 주 예수 그리스 도를 알기에 게으르지 않고 열매 없는 자가 되지 않게 하려니와
9. 이런 것이 없는 자는 맹인이라 멀리 보지 못하고 그의 옛 죄가 깨끗하게 된 것을 잊었느니라
10. 그러므로 형제들아 더욱 힘써 너희 부르심과 택하심을 굳게 하 라 너희가 이것을 행한즉 언제든지 실족하지 아니하리라
11. 이같이 하면 우리 주 곧 구주 예수 그리스도의 영원한 나라에 들어감을 넉넉히 너희에게 주시리라

(베드로후서 1:1-11)

하나님이신 예수 그리스도

오늘 본문은 베드로후서의 첫 부분입니다.[1] 베드로는 원래 어부였지만 모든 것을 버려두고 주님을 좇았고, 그리하여 초대교회의 기둥과 같은 사도가 되었습니다. 사도는 1절에서 자신과 성도들을 우리 하나님과 구주 예수 그리스도의 의를 힘입은 자들이라고 묘사합니다. "우리 하나님과 구주 예수 그리스도"라는 말은 "우리 하나님이신 구주 예수 그리스도"라고 번역할 수도 있습니다. 베드로에게 예수님은 순전히 인간이 아니라 하나님이셨습니다. 이것은 그가 예수님을 가리켜 "주는 그리스도시요 살아 계신 하나님의 아들이시니이다(마 16:16)"라고 고백했던 것을 생각나게 합니다. 이 고백이 교회의 반석과 기초가 되기에, 사도는 이 서신서의 첫 머리에서 동일하게 고백하고 있습니다.

---

1   베드로후서 주석은 아래의 책들이 좋다. Richard J. Bauckham, *2 Peter, Jude*, vol. 50, Word Biblical Commentary (Dallas: Word, Incorporated, 1983); Thomas R. Schreiner, *1, 2 Peter, Jude*, vol. 37, The New American Commentary (Nashville: Broadman & Holman Publishers, 2003); Douglas J. Moo, *2 Peter, Jude*, The NIV Application Commentary (Grand Rapids, MI: Zondervan Publishing House, 1996); Peter H. Davids, *The Letters of 2 Peter and Jude*, The Pillar New Testament Commentary (Grand Rapids, MI: William B. Eerdmans Pub. Co., 2006); Gene L. Green, *Jude and 2 Peter*, Baker Exegetical Commentary on the New Testament (Grand Rapids, MI: Baker Academic, 2008); John T. Demarest, *A Commentary on the Second Epistle of the Apostle Peter* (New York: A. Lloyd, 1865).

믿음으로 받는 하나님의 의

사도가 우리 성도들을 하나님이신 예수 그리스도의 의를 힘입은 자들이라고 표현한 이유가 있습니다. 자기 안에서 의를 찾는 자는 망할 것이기 때문입니다. 엄위로운 재판장이신 하나님의 심판을 견뎌낼 정도의 의를 쌓은 사람은 아무도 없습니다. 오직 예수 그리스도의 의를 힘입은 자만이 하나님 앞에 설 수 있습니다.

그 의를 힘입는 것은 어떻게 가능할까요? 1절에서 사도는 믿음으로 그 의를 받을 수 있다고 말씀합니다. 성경에서 믿음은 크게 두 가지 의미로 사용됩니다. 첫째, 믿음은 자신의 것을 내려놓고 오직 하나님만을 의지하는 절대적인 의존의 마음입니다. 둘째, 하나님의 신실하심을 의심하지 않고 하나님께 신실하게 순종하는 마음입니다. 여기서는 첫 번째 의미로 믿음이라는 말을 썼습니다.

베드로는 이 믿음을 "보배로운 믿음"이라고 표현했습니다. 다른 구절에서 베드로는 예수님을 가리켜, '보배로운 산 돌(벧전 2:4)', '내가 택한 보배로운 모퉁잇돌(벧전 2:6)', '보배(벧전 2:7)'라고 표현합니다. 우리의 믿음은 보배로우신 예수 그리스도의 의를 붙드는 것이기에 보배로운 믿음이라고 표현하고 있습니다. 우리는 이 보배로운 믿음을 사도와 함께 받은 자들입니다. 이 믿음을 가진 자는 그 누구도 차별 없이 구원을 받습니다. 교회의 기둥과 같은 사도 베드로와 21세기를 살아가는 우리가 동일한 믿음으로, 동일한 구원에 참여하게 된다는 것은 놀라운 은혜입니다. 우리가 사도 바울이나 베드로와 똑같은 구원을 받았다는 것은 얼마나 복된 일입니까?

하나님을 아는 지식 vs 은혜와 평강

그런데 2절에서 사도는 "하나님과 우리 주 예수를 아는 지식 안에서 은혜와 평강이 더욱 많을지어다"라고 말씀합니다. 예수님을 믿으면 누구나 구원을 받습니다. 그러나 구원을 받았다고 해서 누구나 다 같은 은혜와 평강을 누리는 것은 아닙니다. 은혜와 평강을 누리는 것은 주님을 아는 지식과 정비례합니다.[2] 주님을 아는 지식이 많아질수록 그만큼 더 많은 은혜와 평강을 누리게 됩니다. 우리 자신만 바라볼 때는 은혜도 없고 평강도 없지만, 눈을 들어 예수님을 바라볼수록 근심 걱정이 점점 사라지고, 마음에 잔잔한 은혜와 평강이 찾아오게 됩니다. 구약 성경은 소망이란 언제나 하나님께서 인간보다 더 강하시다는 믿음 속에서 하나님만 바라볼 때 나온다고 가르칩니다(시 42:5, 62:5,

---

2   John Calvin, *Commentaries on the Catholic Epistles* (Bellingham, WA: Logos Bible Software, 2010), 367.

146:5).[3] 사도가 받은 구원을 똑같이 받은 우리들은 사도가 누렸던 은혜와 평강 역시 풍성하게 누려가야 합니다.

명하는 바를 주옵시고...

이제 3절부터 7절까지가 이 설교의 핵심 구절들입니다. 먼저 3절을 주목해봅시다.

> 그의 신기한 능력으로 생명과 경건에 속한 모든 것을 우리에게 주셨으니 이는 자기의 영광과 덕으로써 우리를 부르신 이를 앎으로 말미암음이라(벧후 1:3)

하나님은 우리에게 먼저 주시고, 그 다음에 명하십니다. 5세기의 위대한 교부 아우구스티누스는 『고백록』에서 "[하나님이여] 명하시는 바를 주옵시고, 원하시는 바를 명하옵소서"라는 기도를 남겼습니다.[4]

---

3 아래의 글을 참조하라. Karlheinz Ruhstorfer, "Hoffnung," Petra Kolmer and Armin Wildfeuer, eds., *Neues Handbuch philosophischer Grundbegriffen*, vol. 2 (Freiburg: Verlag Karl Alber, 2011), 1160-76(특히 1162쪽).

4 『고백록』, 10.29, "Da quod iubes, et iube quod vis."

하나님은 우리에게 명하는 것을 주시는 분이며, 원하시는 바를 명하시는 분이십니다. 주님은 생명을 전하라고 하시기에 앞서 우리 안에 영원한 생명을 주십니다. 주님은 경건 생활을 명하기에 앞서 우리 안에 경건을 추구하는 마음을 주십니다. 주님은 먼저 주시고서 찾으시며, 주지 않은 것을 명하지 않으십니다.

부르심의 이유

3절에서 하나님께서 이렇게 생명과 경건에 속한 모든 것을 우리에게 주신 까닭은 우리를 부르신 분을 우리가 알기 때문이라고 합니다. 하나님이 이렇게 놀라운 은혜를 주시는 이유는 자신의 영광과 덕 때문입니다. 영광은 하나님의 성품이 가득 찬 것을 가리키고, 덕은 하나님의 탁월하신 성품을 가리킵니다. 우리의 구원이 하나님의 성품에서 나왔다는 것은 구원이 지닌 은혜의 성격을 가장 잘 보여줍니다. 구원은 다름 아닌 하나님의 심장에서부터 터져 나온 것이기에 너무나도 확실합니다.

신성한 성품에 참여하는 것

문제는 우리가 영생을 받았으나, 영원한 생명에 합당하게 살지 못하는 경우가 많다는 점입니다. 주님께서 경건에 속한 모든 것을 주시지만 우리는 아직 경건하게 살고 있지 못할 때가 많습니다. 그럴 때 우리는 4절 말씀을 기억해야 합니다. "이로써 그 보배롭고 지극히 큰 약속을 우리에게 주사..." 이것은 주님께서 원대한 목표를 세우셨고, 그 자리로 우리를 계속 인도하고 계신다는 뜻입니다.

　그 높은 목표를 베드로는 "신성한 성품에 참여하는 것(4절)"이라고 합니다. 이것은 언젠가 우리 인간이 존재적으로 하나님처럼 된다고 가르치는 것이 절대 아닙니다. 신성한 성품에 참여한다는 것은 우리 인간이 하나님의 성품을 닮아가며, 육적인 악을 벗어버리고, 하나님의 불멸과 복된 영광에 참여하며, 하나님과 연합하게 될 것이라는 뜻입니다.[5]

　세상에는 많은 사람들이 있습니다. 어떤 사람은 돈 버는 재미에 빠져 살아갑니다. 어떤 사람은 명성을 얻기 위해 노력하고, 또 어떤 사람은 권력이나 인기를 누리려고 애를 씁니다. 어떤 사람은 육적인 쾌락을 좇아 살기도 하고, 어떤 사람은 아무런 목적도 없이 하루하루를 무

5　Calvin, *Commentaries on the Catholic Epistles*, 371.

의미하게 보냅니다. 오늘 성경은 인생의 참된 목적을 추구하는 삶은 그런 삶이 아니라고 말씀합니다. 인생의 참된 목적은 신성한 성품에 참여하는 것, 다시 말해 하나님을 닮아가는 것에 있습니다.

모세는 "우리의 연수가 칠십이요 강건하면 팔십이라도 그 연수의 자랑은 수고와 슬픔뿐이요 신속히 가니 우리가 날아가나이다(시 90:10)"라고 노래했습니다. 짧은 인생을, 사는 동안 하나님의 성품에 조금이라도 더 참여하게 된다면 그보다 복된 일이 어디 있겠습니까? 삶이 비록 수고스럽더라도, 하루하루 하나님을 더 닮아간다면 그 인생은 후회가 없을 것입니다.

하나님의 성품에 참여하는 길

오늘 말씀은 하나님의 성품에 참여하는 여덟 가지 길을 제시하고 있습니다.

> 너희 믿음에 덕을, 덕에 지식을, 지식에 절제를, 절제에 인내를, 인내에 경건을, 경건에 형제 우애를, 형제 우애에 사랑을 더하라(벧전 1:5-7)

이 말씀에서 먼저 세 가지 기억할 것이 있습니다. 첫째, 이 여덟 가지는 신앙의 어떤 단계나 수준을 가리키는 것이 아닙니다. 뒤에 나오는 것이 더 수준 높은 것이라, 앞의 것은 무시해도 된다는 뜻이 아니라는 말씀입니다. 오히려 이 여덟 가지 특징은 참된 신앙인에게 언제나 함께 나타나야 합니다. 둘째, 한 가지 주목할 것은, "~에 …을, …에 ~을..."(gradatio 구조)이라는 연결 고리로 여덟 가지가 제시되었다는 것입니다. 이것은 우리의 신앙이 쉬지 않고 전진해 나가야 함을 알려줍니다. 우리는 항상 영적인 부족 의식을 가지고 살아야 합니다. 미국의 유명한 존 파이퍼 목사는 이를 거룩한 불만족(holy dissatisfaction)이라고 불렀습니다. 육신의 건강 상태를 체크하고 약한 부분을 보강하듯이, 성도는 자신의 영적 상태를 체크하고 항상 보강해야 합니다. 셋째, 이 말씀에서 동사 "더하라"(에피코레고)라는 말이 가진 뉘앙스를 놓치지 말아야 합니다.[6] 이 동사는 11절에 나오는 "주시리라"라는 말과 같은 동사입니다. 둘 다 공급한다는 뜻이 있습니다. 베드로가 살았던 1세기 그리스-로마 사회에서는 돈이 많은 사람이 공공의 지출을 감당하는 일이 많았습니다. 예를 들어, 축제에서 연극을 한다고 하면 그 극단의 비용을 부자들이 댔습니다. 전쟁 시에 필요한 전함을 만들 때도 부자들이 돈을 냈습니다. 이처럼 부자들이 더 유익한 일을 위해 풍부한 재산을 공급할 때 "더하라"라는 단어를 사용했습니다. 마찬가지로 베드로

---

6   Demarest, *A Commentary on the Second Epistle of the Apostle Peter*, 92; D. A. Carson et al., eds., *New Bible Commentary: 21st Century Edition*, 4th ed. (Leicester, England: Downers Grove, IL: Inter-Varsity Press, 1994), 1390; Green, *2 Peter and Jude*, 86.

는 믿음이 있는 사람도 더 유익한 일을 위해 신앙의 다양한 품성들을 더해 가야 한다고 말씀합니다.

8가지 신앙의 항목

5절에서 사도는 먼저 믿음(피스티스)으로 시작합니다. 믿음은 이 여정의 첫 관문이기 때문입니다. 믿음은 앞서 말했던 절대적인 의존의 마음과 신실하게 순종하는 마음 모두를 가리킵니다.

성도는 이 믿음에 덕(아레테)을 더해야 합니다. 고대 그리스 철학에서 '덕'이란 어떤 존재가 제 역할을 가장 잘 하고 있는 상태를 뜻했습니다. "저 사람이 덕이 있다"라는 말은 그 사람의 인격이 훌륭하고, 도덕적으로나 이성적으로나 탁월하다는 뜻이었습니다. 덕을 더한다는 것은 믿음이 있는 사람이 참된 인간이 되어야 한다는 뜻입니다. 믿음이 있는데, 인간 됨됨이가 견실하지 못하면 주님의 이름을 욕되게 합니다. 믿음이 있는 사람이 영적으로, 정신적으로, 삶의 자세에서 탁월할 때 주님께 큰 영광이 됩니다.

그 다음으로 지식(그노시스)을 더해야 합니다. 여기서 말하는 지식은 2절과 3절에 나오는 앎(에피그노시스)보다는 더 넓은 의미입니다. 2절과 3절의 지식은 하나님과 예수님에 대한 지식으로 성경에 계시된 객관적 지식입니다. 5절과 6절에 나오는 지식은 하나님 안에서 주관적으로 갖는 신앙의 비밀이며, 말씀을 실천하면서 점점 더 많이 깨달아 가는 지식입니다. 이런 지식은 사람마다 다를 수 있습니다. 성도는 하나님과 교제하는 가운데 실제적이고 비밀스러운 영적 지식을 쌓아갑니다.[7]

그러나 지식만 가지고는 하나님의 성품을 온전히 드러낼 수 없습니다. 지식을 온전하게 하는 것은 훈련이기 때문입니다. 그래서 베드로는 절제(엔크라테이아)와 인내(휘포모네)를 더하라고 말씀합니다(6절). 절제는 나쁜 것을 줄이는 것입니다. 오락이나 정욕을 절제한다고 말하지, 공부를 절제한다고 말하지 않습니다. 반면에, 인내는 어떤 어려움이나 고난 가운데서도 선한 일을 꾸준히 해 나가는 것을 말합니다. 인내하면서 계속 일했다는 말은 가능하지만, 인내하면서 계속 놀았다고 말하지는 않습니다.

저의 대학시절을 돌이켜 보고 오늘날 20대를 보더라도, 젊은 시절에 가장 필요한 것은 바로 절제와 인내입니다. 절제와 인내가 없이는 결코 목표한 바를 달성할 수가 없기 때문입니다. 그것은 영적인 세계에서도 마찬가지입니다. 우리가 성화되려면 나쁜 것은 절제하며 멀리하고, 좋은 것은 인내하면서 지켜야 합니다. 좋은 것이 무엇입니까? 은

---

7 Michael Green, *2 Peter and Jude: An Introduction and Commentary*, vol. 18, Tyndale New Testament Commentaries (Downers Grove, IL: InterVarsity Press, 1987), 87.

혜의 방편입니다. 말씀과 성례와 기도입니다. 또한 성도의 교제와 찬양과 신앙서적을 읽는 것 등이 넓은 의미에서 은혜의 방편이 될 수 있습니다. 특별히 시간이 날 때마다 기도에 힘쓰라고 권하고 싶습니다. 저는 20대 중반에 하루에 6시간씩 기도하던 때가 있습니다. 그때 하나님께서 주신 놀라운 은혜가 아직도 제 삶을 이끌고 있습니다. 또한 좋은 책들을 많이 읽으라고 권하고 싶습니다. 저는 공대생이었지만 대학 4년 동안 신앙서적을 약 200권 읽었습니다. 한 주에 한 권씩은 읽은 셈입니다. 젊은 시절의 기도와 독서는 평생에 큰 자양분이 됩니다. 2019년 통계에 따르면, 한국 성인들의 절반가량이 1년간 종이책을 한 권도 읽지 않는다고 합니다.[8] 책 이외의 다른 콘텐츠 즉 인터넷이나 유튜브 등을 이용하느라 독서를 하지 않는다는 것입니다. 세상 사람들이 독서를 안 하더라도, 크리스천들은 독서를 많이 해야 합니다. 특별히 좋은 신앙서적, 신학서적은 영혼을 살리는 데 큰 도움이 됩니다.

이어서 사도는 경건(유세베이아)을 더하라고 말씀합니다. 우리는 유명한 정치인이나 경제인이나 학자들의 말로가 좋지 못한 경우를 종종 봅니다. 성공한 이후에 도덕적으로 무너지는 것입니다. 그들이 젊은 시절에 우리보다 더 노력하지 않아서, 더 인내하지 않아서 그렇게 된 것이 아닙니다. 오히려 더 열심히 살았기에 높은 자리까지 올라갔을

---

8   문화체육관광부, '2019년 국민독서 실태조사' 보고서.

것입니다. 그러나 바라던 성공을 다 이룬 후에, 도덕적으로 실패하여 인생을 망치는 이유는 무엇일까요? 그것은 인생의 목표가 자신의 영달에 있었고 그 이상을 바라보지 못했기 때문입니다. 우리 인생의 목표가 다만 성공에 있다면, 그 성공을 이룬 후에 우리를 제어할 수 있는 것이 아무것도 없습니다. 그때부터 목표를 상실하고 방황할 것입니다. 그러나 우리의 목표가 경건에 있다면, 성공한 이후에도 계속해서 정진해 나갈 수 있습니다.

경건이란 무엇일까요? 칼뱅은 자신이 쓴 『교리문답서』에서 참된 경건을 이렇게 정의했습니다.

"참된 경건이란 하나님을 아버지로서 모시고 사랑하면서도 두려워하는 진실한 감정이다. 참된 경건이란 하나님을 주님으로 모시고 경외하는 것이며, 하나님의 의를 붙잡는 것이며, 하나님께 누가 되는 것을 죽는 것보다 더 끔찍한 일로 여기는 것이다."[9]

여러분의 인생의 목표가 참된 경건이 되도록 하십시오. 그러면 성공한 후에도 겸손히 하나님을 섬기게 될 것입니다.

사도는 마지막으로 경건에, 형제 우애와 사랑을 공급하라고 말씀

---

9 프랑스어판 1537, 라틴어판 1538. http://www.the-highway.com/piety1_Battles.html에서 재인용(2021.6.28. 접속).

합니다(7절). 형제 우애는 성도들을 사랑하는 것이고, 사랑은 보다 넓게 세상의 모든 사람을 지향하는 자비입니다. 여기서 우리는 사랑의 의무에 순서가 있음을 알게 됩니다. 사회적 약자를 돌본다고 하면서 정작 자신의 가정과 친척과 교회 사람들에 대해서는 전혀 무관심한 사람을 더러 보게 됩니다. 그러나 성경은 이렇게 말씀합니다.

> 누구든지 자기 친족 특히 자기 가족을 돌보지 아니하면 믿음을 배반한 자요 불신자보다 더 악한 자니라(딤전 5:8)

기독교 신앙의 핵심은 사랑이고, 모든 성도는 이웃을 사랑하기 위해 노력해야 합니다. 그러나 성경은 사랑에도 순서와 질서가 있다고 가르치고 있습니다.[10] 먼저 가까운 이들을 잘 돌보며 그 사랑을 잘 훈련한 다음, 더 넓은 이웃에게로 나아가야 합니다. 물론 자기 가족만 돌보는 이기주의적 사랑에 머물러서는 안 됩니다. 선한 사마리아인의 비유에서 말씀하듯이, 주님은 사랑이 필요한 사람이라면 누구에게든 사랑을 베풀라고 하셨습니다. 우리는 질서 있는 사랑과 보편을 향한 사랑 모두를 붙잡아야 할 것입니다.

---

10 키케로 『의무론』 1권 17장의 "관계성의 정도차"(gradus societatis)와, 유교의 수신제가치국평천하(修身齊家治國平天下)도 참조.

맹인과 망각자

8절에서 사도는 이 여덟 가지가 흡족하면 예수 그리스도를 부지런히 아는 자가 되고 열매를 맺는 자가 된다고 말씀합니다. 그 덕목들이 모두 예수 그리스도와 관련되기 때문입니다. 믿음도 예수님에 대한 것이며, 덕의 표준도 예수님입니다. 지식도 예수님과의 교제 가운데 생기는 것이고, 절제와 인내의 모범도 예수님입니다. 경건과 형제우애와 사랑의 길도 예수님을 볼 때 알게 됩니다. 예수님을 더 많이 묵상하고 닮아갈수록 더욱 신성한 성품을 갖게 됩니다. 주님을 닮는 것이야말로 인생에서 가장 큰 열매입니다.

이 여덟 가지 덕목이 없는 사람은 맹인이라 멀리 보지 못하고 그의 옛 죄가 깨끗하게 된 것을 잊었다고 말씀합니다(9절). 멀리 보지 못한다는 것은 미래를 보지 못한다는 뜻입니다. 그런 사람은 종말의 때를 알지 못하고 근시안적으로 현세에만 급급합니다. 먹고 살기 바쁘고, 쾌락에 빠져 살아갑니다. 옛 죄가 깨끗하게 된 것을 잊었다는 말씀은, 그리스도께서 보배로운 피를 흘려 우리를 구속해 주신 사실을 망각한 배은망덕한 인간이 된다는 뜻입니다.

선행이 선택을 굳게 한다

우리는 그런 사람이 되어서는 안 됩니다. 그래서 사도는 성도들에게 강하게 권면합니다.

> 그러므로 형제들아 더욱 힘써 너희 부르심과 택하심을 굳게 하라 너희
> 가 이것을 행한즉 언제든지 실족하지 아니하리라(벧후 1:10)

우리가 더욱 힘써 이 여덟 가지 덕목을 더해감으로써 하나님의 부르심과 택하심을 굳게 하라고 말씀합니다. 이 말은 자칫 우리가 선을 행하고 거룩하게 살아야 하나님의 선택이 확정되는 것으로 오해할 수도 있지만, 그렇지 않습니다. 거룩하게 삶으로써 하나님의 선택을 굳게 하라는 말씀은 우리의 선행으로 하나님의 예정에 원인을 제공하라는 것이 아닙니다. 하나님의 예정은 이미 영세 전에 우리의 선행과 상관없이 은혜로 작정된 것이기 때문입니다. 우리의 선행과 거룩한 삶은 이미 작정된 영원한 선택의 '결과와 징표'로 드러나는 것입니다. 칼뱅은 이 구절을 다음과 같이 잘 설명해 줍니다.

> "이 말씀은 선택이 은혜로 이뤄지지 않았다거나, 선택이 우리의 능력에
> 달려 있다는 것이 아니다. 이 말씀이 뜻하는 바는, 선택의 목적이 거룩
> 한 삶이기 때문에, 거룩한 삶은 역으로 선택의 증거와 징표가 된다는

뜻이다. 우리의 선행은 다른 사람들 앞에서 우리의 신앙을 확증해 준다. 이것이 바로 선행이 선택을 굳게 해 준다는 말의 의미이다."[11]

넉넉히 주시리라

마지막으로 사도는 11절에서 이 서신서의 앞부분에서 했던 말씀을 반복합니다.

> 이같이 하면 우리 주 곧 구주 예수 그리스도의 영원한 나라에 들어감을 넉넉히 너희에게 주시리라(벧후 1:11)

이 말씀은 우리에게 성도의 견인을 가르쳐 줍니다. 예수 그리스도 안에서 우리를 부르신 하나님은 이 힘든 세상에 우리를 덩그러니 홀로 내버려두지 않으십니다. 오히려 주님께서는 우리 안에 목표를 정해 놓으셨고, 그 목표를 향해 나아가도록 날마다 우리를 도우십니다. 하나님은 확실하고도 기꺼이 우리에게 최종적인 구원을 주십니다. 하나님의 이러한 넉넉한 은혜가 성화의 삶을 이끌어가는 원동력이 됩니

---

11 Calvin, 334의 요약.

다. 주님의 넉넉한 공급을 믿는 사람은 그 믿음에 덕을, 덕에 지식을, 지식에 절제를, 절제에 인내를, 인내에 경건을, 경건에 형제 우애를, 형제 우애에 사랑을 더해 갈 것입니다. 우리 모두 하나님의 신성한 성품에 참여하는 그 길을 힘차게 걸어가시기를 주님의 이름으로 권면합니다. 아멘.

천지의 창조주,
우리 아버지 하나님

(이사야 40:26-31)

천지의 창조주, 우리 아버지 하나님

26. 너희는 눈을 높이 들어 누가 이 모든 것을 창조하였나 보라 주께서는 수효대로 만상을 이끌어 내시고 그들의 모든 이름을 부르시나니 그의 권세가 크고 그의 능력이 강하므로 하나도 빠짐이 없느니라

27. 야곱아 어찌하여 네가 말하며 이스라엘아 네가 이르기를 내 길은 여호와께 숨겨졌으며 내 송사는 내 하나님에게서 벗어난다 하느냐

28. 너는 알지 못하였느냐 듣지 못하였느냐 영원하신 하나님 여호와, 땅 끝까지 창조하신 이는 피곤하지 않으시며 곤비하지 않으시며 명철이 한이 없으시며

29. 피곤한 자에게는 능력을 주시며 무능한 자에게는 힘을 더하시나니

30. 소년이라도 피곤하며 곤비하며 장정이라도 넘어지며 쓰러지되

31. 오직 여호와를 앙망하는 자는 새 힘을 얻으리니 독수리가 날개 치며 올라감 같을 것이요 달음박질하여도 곤비하지 아니하겠고 걸어가도 피곤하지 아니하리로다

(이사야 40:26-31)

하이델베르크 요리문답

제 9주일 성부 하나님과 우리의 창조에 관하여

26문: "나는 전능하신 아버지 하나님, 천지의 창조주를 믿습니다."라
고 고백할 때 당신은 무엇을 믿습니까?[1]
답: 우리 주 예수 그리스도의 영원하신 아버지께서 아무것도 없는 중
에서 하늘과 땅과 그 가운데 있는 모든 것을 창조하셨고,[2] 또한 그
의 영원한 작정과 섭리로써 이 모든 것을 여전히 보존하고 다스리
심을 믿으며,[3] 이 하나님께서 그의 아들 그리스도 때문에 나의 하
나님과 나의 아버지가 되심을 나는 믿습니다.[4] 그분을 전적으로
신뢰하기에 그가 나의 몸과 영혼에 필요한 모든 것을 채워 주시
며,[5] 이 눈물 골짜기 같은 세상에서 당하게 하시는 어떠한 악도 합
력하여 선을 이루게 하실 것을 나는 조금도 의심치 않습니다.[6] 그

---

1 독립개신교회 교육위원회 편역, 『하이델베르크 요리문답』(서울: 성약출판사, 2004)의 번역에서는
"전능하신 성부 하나님, 천지의 창조주를 나는 믿사오며"라고 했으나, 새번역 사도신경을 따
랐다. 그 외는 성약의 번역과 증거구절 제시를 따랐다. 이 책에 나오는 다른 부분에서도 하이
델베르크 요리문답 인용은 성약의 번역을 취했다.

2 증거구절: 창 1:1; 2:3; 출 20:11; 욥 38:4-11; 사 33:6; 40:26; 44:24; 행 4:24; 14:15.

3 증거구절: 시 104:2-5, 27-30; 115:3; 마 10:29-30; 롬 11:36; 엡 1:11.

4 증거구절: 요 1:12; 20:17; 롬 8:15; 갈 4:5-7; 엡 1:5.

5 증거구절: 시 55:22; 마 6:25-26; 눅 12:22-24.

6 증거구절: 시 84:5-6; 롬 8:28.

는 전능하신 하나님이기에 그리하실 수 있고,[7] 신실하신 아버지이
기에 그리하기를 원하십니다.[8]

하이델베르크 요리문답의 삼위일체적 구조

종교개혁기에 나온 많은 교리문답이 사도신경, 십계명, 주기도문을 다
루고 있습니다. 이것은 아우구스티누스가 쓴 『신앙핸드북-믿음, 소망,
사랑』이 믿음, 소망, 사랑을 기독교인의 삶의 근간으로 제시한 것을 따
른 것입니다.[9] 즉, 믿음은 사도신경에서 설명하고 있고, 사랑은 십계명
에 표현되어 있으며, 소망은 주기도문에 잘 나타나 있습니다.[10] 하이델

---

7   증거구절: 창 17:1; 18:14; 롬 8:37-39; 10:12; 계 1:8.

8   증거구절: 미 6:32-33; 마 7:9-11.

9   이것은 필자의 추론이다. 하지만 아우구스티누스가 중요하게 생각했던 기독교의 삼주덕(三主
    德) 전통이 중세를 지나서 종교개혁기까지 이어진 것은 여러 문헌들을 볼 때 너무나 분명하다.
    대표적으로 롬바르두스의 『명제집』도 그러하다.

10 하이델베르크 요리문답에 대한 최고의 주석은 아래의 책이다. 하이델베르크 요리문답의 배
    경사도 간략하게 제공한다. 얀 판 브뤼헌, 『하이델베르크 요리문답 해설』, 김헌수, 성희찬 옮
    김(서울: 성약출판사, 2020). 이 책 22-29쪽에서는 전체 하이델베르크 요리문답이 "언약적 구조"
    를 가지고 있음을 잘 보여준다. 웨스트민스터 신앙고백이 1647년에 출간되었으니 하이델베르
    크 요리문답이 약 84년 앞서 작성된 셈이다; 라일 비어마 등, 『하이델베르크 교리문답 입문』,
    신지철 옮김(부흥과개혁사, 2012)도 참고서로 훌륭하다. Lyle D. Bierma, *The Theology of the*

베르크 요리문답도 사도신경과 십계명과 주기도문을 다루는데, 사도
신경으로 기독교 신앙의 기본을 가르칩니다. 특히 하이델베르크 요리
문답은 사도신경을 삼위일체적으로 이해합니다. 즉, 창조주(創造主) 하
나님이신 성부, 구속주(救贖主) 하나님이신 성자, 성화주(聖化主) 하나님
이신 성령이라는 순서를 따라, 사도신경의 각 항목들을 설명합니다(제
8주일, 24-25문 참조).

첫 번째 부분을 보면 "성부 하나님과 우리의 창조에 관하여"라는
제목 하에 9주일, 10주일이 할애되어 있습니다. 9주일은 하나님의 창
조에 대해서, 10주일은 하나님의 섭리에 대해 설명합니다.

구원주 하나님을 경험하고 나서 접하는 창조주에 대한 가르침

9주일의 문답인 제 26문은 "나는 전능하신 아버지 하나님, 천지의 창
조주를 믿습니다."라고 고백하는 성도가 어떤 내용을 믿고 있는 것인
지 묻고 있습니다.

그에 대한 답으로 하이델베르크 요리문답은 "우리 주 예수 그리스

Heidelberg Catechism: A Reformation Synthesis, Columbia Series in Reformed Theology
(Louisville, KY: Westminster John Knox Press, 2013)는 학문적으로 깊이 있는 토론을 제공한다.

도의 영원하신 아버지께서 아무것도 없는 중에서 하늘과 땅과 그 가운데 있는 모든 것을 창조하셨다."고 고백합니다. 여기서 주목할 것은 천지의 창조주이신 하나님을 "우리 주 예수 그리스도의 영원하신 아버지"라고 소개하고 있다는 점입니다. 구원주 하나님을 창조주 하나님과 연결하고 있습니다.

이것은 교회가 성경을 배워 온 방식과 일치합니다. 천지창조에 대한 기록은 창세기 1장에 나옵니다. 이 말씀을 처음 받은 사람은 하나님을 이미 구원자로 경험하고 있는 사람입니다. 그 사람은 모세였으며, 모세와 함께 시내산 앞에 섰던 이스라엘 백성들이었습니다. 그들은 출애굽이라는 놀라운 구원 역사를 경험한 후에 그 출애굽의 하나님이 천지의 창조주시라는 말씀을 들은 것입니다.

신약 시대에도 마찬가지입니다. 초대 교회 사람들은 먼저 예수 그리스도의 놀라운 십자가와 부활의 복음을 들었습니다. 그 다음에 그들은 하나님께서 천지의 창조주시라는 사실을 알게 되었습니다. 시간적 순서를 따르자면 창조 다음에 구원이 오지만, 인식과 경험의 순서를 따르자면 구원 다음에 창조가 오는 것입니다.

이 사실이 왜 중요할까요? 그것은 우리가 하나님의 창조를 생각할 때, 구원을 전제한 다음에 창조를 생각해야 창조를 올바르게 이해할 수 있기 때문입니다. 오늘날 우리는 우주와 인간의 기원에 대한 여러 가지 설명을 듣습니다. 빅뱅이론과 진화론 등이 대표적인 설명 방식입니다.

기독교 신자들은 과연 그런 설명들에 대해 어떻게 받아들여야 할까요? 하이델베르크 요리문답이 기록될 때에도 세상의 기원에 대해 나름의 설명 방식들이 있었습니다. 대표적인 것은 철학자들의 설명 방식이었습니다. 플라톤은 원래부터 있던 물질을 가지고, 데미우르고스라는 신이 이 세상을 만들었다고 합니다. 또한 플라톤은 영혼의 윤회설을 믿었습니다. 아리스토텔레스는 이 세상은 영원 전부터 존재하고 있었다고 했습니다. 그는 인간의 존재도 그렇게 보았습니다. 이들 철학자들의 견해는 고대와 중세를 넘어 종교개혁기까지 영향을 미쳤습니다. 그러나 성경적인 기독교인들은 한사코 철학자들의 우주기원론을 거부하고 성경의 창조를 믿었습니다.

하이델베르크 요리문답 역시 성경적인 창조론을 가르칩니다. 하나님이 예수 그리스도 안에서 우리를 구원해 주셨다는 이 놀라운 사실을 믿지 못한다면 우리는 우주와 인간의 기원에 대한 세상의 과학자들이나 철학자들의 견해를 얼마든지 받아들이게 될 것입니다. 하지만 우리는 하나님께서 예수 그리스도 안에서 우리를 구원하셨고 지금도 말씀으로 역사하고 계심을 믿기 때문에 세상의 과학자들과 철학자들의 우주 기원설보다 성경 말씀을 더욱 믿고 붙드는 것입니다.

빅뱅이론과 진화론에 대한 기독교인의 태도

하이델베르크 요리문답은 또한 "무(無)에서의 창조"를 가르칩니다. 이것을 라틴어로는 "크레아티오 엑스 니힐로(creatio ex nihilo)"라고 합니다. 우리 주 예수 그리스도의 영원하신 아버지께서 아무것도 없는 중에서 하늘과 땅과 그 가운데 있는 모든 것을 창조하셨다는 내용입니다.

오늘날 우주와 인간의 기원에 대한 중요한 설명은 빅뱅이론과 진화론입니다. 빅뱅이론은 조지 가모프와 그 외 여러 학자들이 연구해서 제안한 이론으로, 우주가 점점 확대되고 있다는 관측으로부터 만들어진 이론입니다. 우주가 점점 확대되고 있는 것을 보니, 엄청나게 긴 시간을 역으로 돌리면 우주는 하나의 작은 점으로 모여들 것이며, 그것이 대폭발하여 오늘의 우주가 생겼다는 이론입니다. 그래서 우주의 나이는 약 138억 년 정도 된다고 합니다. 진화론은 다윈이 체계적으로 제안한 이론입니다. 단세포부터 고등생물에 이르기까지 생물은 엄청나게 긴 시간에 걸쳐서 진화했다는 것입니다.[11] 그래서 지구의 나이는 약 45억 년이며, 지구상에 최초의 생명이 출현한 것은 약 30억년 전쯤으로 생각합니다.

빅뱅이론과 진화론은 모두 엄청나게 "긴 시간" 동안 "동일한 과정"이 지속되고 있다고 가정합니다. 그 어떤 과학자도 이렇게 긴 시간을 직접 경험하거나 관찰해 본 적이 없습니다. 따라서 빅뱅이론이든 진화

---

11 여기서 말하는 것은 대진화이론이다. 대진화이론이 일반적으로 생각하는 진화론이기 때문이다. 우병훈, "개혁신학의 관점으로 평가한 진화 창조론: 우종학, 『과학시대의 도전과 기독교의 응답』을 중심으로," 「한국개혁신학」 60 (2018): 178-79에 나오는 설명을 보라.

론이든 많은 가설들에 의존할 수밖에 없습니다. 비록 과학자들이 그 것을 탐구하지만 과학이라고 해서 다 진리인 것은 아닙니다. 그래서 어떤 과학자는 이렇게 말했습니다. "우리는 연극이 끝난 다음에 연극 장에 도착한 사람과 같다. 우리는 무대 뒤에 남겨진 것들로부터 연극 의 내용에 대해 추측해 내야 한다. 따라서 우리가 틀리더라도 확실한 변명의 여지가 있다."[12] 과학자들조차도 우주의 기원에 대한 자신들 의 설명에 얼마든지 실수가 있을 수 있음을 인정한 것입니다. 실제로 과학자들은 많은 오류를 저질렀습니다. 숫자를 바꾸기도 하고, 이전 의 이론을 완전히 반대로 뒤집기도 했습니다.[13] 바빙크가 빅뱅 이론가 들과 진화론자들의 숫자에 대해서 "걸핏하면 변하는 동화 같은 숫자" 라고 부른 것도 그런 까닭입니다.[14] 100여 년 전에 과학자들은 우주의 나이를 2천만년으로 계산했다가, 지금은 138억 년이라고 하니까요.

---

12 A. Trissl, *Das biblische Sechstagewerk vom Standpunkte der katholischen Exegese und vom Standpunkte der Naturwissenschaften*, 2nd ed. (Regensburg: G. J. Manz, 1894), 73; 헤르만 바빙크, 『개혁파 교의학-단권 축약본』, 존 볼트 엮음, 김찬영 · 장호준 옮김(서울: 새물결플러스, 2015), 518쪽에서 수정해서 재인용.

13 대표적으로 스티븐 호킹은 30년전 논문에서는 블랙홀에 빨려 들어간 물질에서는 어떤 정보 도 나올 수 없다고 했다가, 2004년 7월에 쓴 "블랙홀 패러독스"라는 논문에서 블랙홀에 빨려 들어간 정보가 방출될 수 있다고 했다. 이론 물리학의 거장이 30년 사이에 자신의 주장을 완 전히 뒤집은 것이다. 기동연, 『창조부터 바벨까지』, 35쪽에서 재인용.

14 바빙크, 『개혁교의학』, 2:629에는 "근거가 전혀 없는 단순한 신화론적 숫자"라고 부른다.

그리스도인들은 우주의 기원에 대한 과학자들의 이론을 맹신하다가, 하나님께서 천지의 창조주가 되신다는 사실을 잊어서는 안됩니다.

성경의 단순한 설명은 이 우주와 인간을 하나님께서 직접 창조하셨다는 것입니다. 창세기 1장을 보면 그 일은 6일 동안 순차적으로 일어났습니다. 그 구체적인 창조의 방식이 어떠한지 우리는 알 수 없습니다. 분명한 것은 하나님께서 무에서부터 온 세상 만물, 보이는 것과 보이지 않는 것들을 만드셨다는 사실입니다. 이사야 40장 26절은 이렇게 말씀합니다.

너희는 눈을 높이 들어 누가 이 모든 것을 창조하였나 보라 주께서는 수효대로 만상을 이끌어 내시고 그들의 모든 이름을 부르시나니 그의 권세가 크고 그의 능력이 강하므로 하나도 빠짐이 없느니라(사 40:26)[15]

---

15 이사야서 주석은 아래의 책들이 좋다. J. A. Motyer, *The Prophecy of Isaiah: An Introduction & Commentary* (Downers Grove, IL: InterVarsity Press, 1996); J. Alec Motyer, *Isaiah: An Introduction and Commentary*, vol. 20, Tyndale Old Testament Commentaries (Downers Grove, IL: InterVarsity Press, 1999); John N. Oswalt, *The Book of Isaiah, Chapters 1-39*, The New International Commentary on the Old Testament (Grand Rapids, MI: Eerdmans, 1986); John N. Oswalt, *The Book of Isaiah, Chapters 40-66*, The New International Commentary on the Old Testament (Grand Rapids, MI: Eerdmans, 1998); Gary V. Smith, *Isaiah 1-39*, ed. E. Ray Clendenen, The New American Commentary (Nashville: B & H Publishing Group, 2007); Gary Smith, *Isaiah 40-66*, vol. 15B, The New American Commentary (Nashville, TN: Broadman & Holman Publishers, 2009); John D. W. Watts, *Isaiah 1-33*, Revised Edition, vol. 24, Word Biblical Commentary (Nashville: Thomas Nelson, Inc, 2005); John D. W. Watts, *Isaiah 34-66*, Revised Edition, vol. 25, Word Biblical Commentary (Nashville, TN: Thomas

또한 골로새서 1장 16절은 이렇게 말씀합니다.

만물이 그에게서 창조되되 하늘과 땅에서 보이는 것들과 보이지 않는 것들과 혹은 왕권들이나 주권들이나 통치자들이나 권세들이나 만물이 다 그로 말미암고 그를 위하여 창조되었고(골 1:16)

하나님은 이 세상을 그리스도를 통해 창조하셨고, 특별히 인간을 자신의 형상으로 창조하셨습니다(창 1:27).[16] 우리는 이 기본적인 사실들을 믿음으로 고백해야 합니다. 이것이야말로 어떤 과학이론이나 관

Nelson, Inc, 2005); Steven A. McKinion, ed., *Isaiah 1-39*, Ancient Christian Commentary on Scripture (Downers Grove, IL: InterVarsity Press, 2004); Mark W. Elliott, ed., *Isaiah 40-66*, Ancient Christian Commentary on Scripture (Downers Grove, IL: InterVarsity Press, 2007); Edward Young, *The Book of Isaiah*, Chapters 1-18, vol. 1 (Grand Rapids, MI: Eerdmans, 1965); Edward Young, *The Book of Isaiah*, *Chapters 19-39*, vol. 2 (Grand Rapids, MI: Eerdmans, 1969); Edward Young, *The Book of Isaiah*, *Chapters 40-66*, vol. 3 (Grand Rapids, MI: Eerdmans, 1972). 학문적 논의를 위해서는 아래 주석들이 좋다. Brevard S. Childs, *Isaiah: A Commentary*, ed. William P. Brown, Carol A. Newsom, and Brent A. Strawn, 1st ed., The Old Testament Library (Louisville, KY: Westminster John Knox Press, 2001). 차일즈의 주석은 그의 정경비평으로 여러 다른 비평적 관점을 비판하거나 교정하는 역할을 수행한다. Wim Beuken, *Isaiah*. Part 2, Historical Commentary on the Old Testament (Leuven: Peeters, 2000); John Goldingay, *Isaiah*, ed. W. Ward Gasque, Robert L. Hubbard Jr., and Robert K. Johnston, Understanding the Bible Commentary Series (Grand Rapids, MI: Baker Books, 2012); 최윤갑, 『구속사로 읽는 이사야』(서울: 새물결플러스, 2020).

16 (창 1:27) 하나님이 자기 형상 곧 하나님의 형상대로 사람을 창조하시되 남자와 여자를 창조하시고

찰에 대한 해석보다 분명한 진리이기 때문입니다.

아울러 우리는 빅뱅이론이나 진화론을 받아들일 때 생기는 문제점들을 날카롭게 인식하고 있어야 합니다. 빅뱅이론도 역시 창세기 1장의 기록과 서로 조화되기 매우 힘들지만, 특별히 진화론은 성경이 가르치는 인간과 하나님에 대해서 전혀 다른 그림을 우리에게 줍니다. 진화론에 따르면 아담이 누구인지 알 수 없게 됩니다. 죽음을 자연적 과정으로 받아들이게 됩니다. 도덕 관념이나 종교 관념이 언제부터 출현하게 됐는지도 알 수 없습니다. 하지만 성경은 한결같이 아담이 인간의 최초의 시조이며, 죽음은 죄의 결과이며, 인간은 처음부터 도덕과 종교에 대한 관념을 가지고 있었다고 가르칩니다. 빅뱅이론이나 진화론이 과학의 이름으로 우리에게 제시되더라도, 이런 중요한 문제들이 해결되지 않는 한 기독교인은 그 이론들을 받아들여서는 안 됩니다.

그리고 실제로 그런 것을 받아들이지 않아도 우리가 살아가는 데에는 아무런 지장이 없습니다. 때로 빅뱅이론이나 진화론을 두고 사람들이 너무 호들갑을 떠는데, 좀 더 긴 호흡을 가지고 찬찬히 생각해 보는 것이 좋습니다.[17] 기독교는 그런 과학 이론을 받아들이든 안 받

---

[17] 어떤 이들은 교회가 진화론을 받아들이지 않는 것이 청년들이 교회를 떠나는 이유가 된다고 말하는데, 실제 설문조사를 해 보면 그런 이유는 전혀 등장하지 않는 것을 알 수 있다. 예를 들어, 2020년 1-2월에 행해진 ARCC의 설문조사를 보면, 청년들이 교회를 떠나는 주된 이유는 아래와 같은 이유 때문이다. 1) 복음의 본질을 듣지 못함, 2) 교회에서 가르치는 말씀이 청년

아들이든 상관없이, 생명과 진리로서 역사상 언제나 존속해 왔으며, 앞으로도 그럴 것입니다. 심지어 과학자들도 우주의 기원 문제에 대해 답을 갖고 있지 않아도 과학을 연구하는 데에는 전혀 지장이 없다고 말합니다.[18] 교회는 빅뱅이론이나 진화론에 대해서 여유를 가지고 관망하는 자세를 취하면서 가장 확실한 하나님의 말씀을 붙들어야 합니다.[19]

일반은총적인 섭리와 보존과 통치

두 번째로 하이델베르크 요리문답 26문답이 가르쳐 주는 것은 하나

삶의 고민과 동떨어짐, 3) 교회 안에서 하나님을 경험하지 못함 등.

18 아래 책들을 참조하라. 성영은, 『케플러-신앙의 빛으로 우주의 신비를 밝히다』(성약, 2011)와 성영은, 베른 포이트레스 공저, 『창세기 1장으로 본 과학』(성약, 2015).

19 이것이 바로 바빙크의 태도이다. 바빙크, 『개혁파 교의학-단권 축약본』, 제10장, "'일주일' 창조와 과학"을 참조하라. 마크 놀 역시 이 주제에 대해서 가능한 한 주의 깊이 신중하게 시간을 갖고 다양한 견해들을 평가해 볼 것을 제안한다. "Mark Noll on the Foundation of the Evangelical Mind," *Christianity Today* 55.8 (August 2011), 26; 빅터 해밀턴 외, 『창조 기사 논쟁』, 최정호 옮김(서울: 새물결플러스, 2016), 443에서 재인용. 이 설교를 작성하는 데 있어, 이 책이 매우 도움이 되었다. 저자들 가운데 토드 비일과 주드 데이비스는 매우 분명하게 "젊은 지구론"과 "창세기 1-2장에 대한 문자적 해석"을 지지한다. 특히 주드 데이비스는 이 주제에 관해서 예수님과 사도 바울의 견해를 존중해야 함을 강하게 주장한다(451-461쪽 참조).

님의 섭리와 보존과 통치입니다. 27문답도 역시 섭리에 대해서 가르치는데, 그것은 창조 교리가 주는 실제적인 유익이 바로 하나님의 섭리이기 때문입니다. 26문답의 중간 부분은 이렇게 가르칩니다.

> "또한 그의 영원한 작정과 섭리로써 이 모든 것을 여전히 보존하고 다스리심을 믿으며, 이 하나님께서 그의 아들 그리스도 때문에 나의 하나님과 나의 아버지가 되심을 나는 믿습니다."

아브라함 카이퍼는 창세기 6장과 8장에 나오는 노아 언약을 설명하면서 하나님께서 이 세상을 보존하시고 다스리시는 것을 "일반은총"이라고 불렀습니다.[20] 보통 성경에서 "은총 혹은 은혜"란 구원을 주시기 위해서 무조건적으로 베풀어 주시는 하나님의 호의를 말합니다. 하지만 "일반은총"은 구원과는 관련이 없지만, 이 세상과 인간의 보존을 위해 베풀어 주시는 하나님의 호의를 가리킵니다. 우리는 일반은총을 너무 확대하여 마치 그것 있으면 구원 받을 수 있는 것처럼 착각해서는 안 됩니다. 하지만 우리는 이 세상 전체에 베풀어 주시는 하나님의 은총을 무시해서도 안 됩니다. 아우구스티누스는 피조물을 향하신 하나

---

20 일반은총에 대해서는 아래의 책을 참조하라. 헤르만 바빙크, 『헤르만 바빙크의 일반은총』, 박하림 옮김, 우병훈 감수 및 해설(군포: 도서출판 다함, 2021).

님의 모든 행동을 은혜라는 관점에서 보기를 원했습니다. 하나님 편에서 그런 호의를 베푸실 이유가 없음에도 불구하고 하나님은 무한히 자비로우셔서 모든 인간에게 호의를 베풀어 주시기 때문입니다. 하나님의 은혜로운 섭리와 보존과 통치 없이 살아갈 수 있는 사람은 없습니다.

내 인생 최고의 공급자이신 섭리주 하나님

하나님의 백성들에게 하나님의 섭리와 보존과 통치는 더 각별합니다. 왜냐하면 하나님은 세상 사람들에게는 창조주로서 호의를 베푸시지만, 신자들에게는 아버지로서 특별한 호의와 사랑을 베풀어 주시기 때문입니다. 하이델베르크 요리문답 26문답은 이어서 이렇게 적고 있습니다.

> "그분을 전적으로 신뢰하기에 그가 나의 몸과 영혼에 필요한 모든 것을 채워 주시며, 이 눈물 골짜기 같은 세상에서 당하게 하시는 어떠한 악도 합력하여 선을 이루게 하실 것을 나는 조금도 의심치 않습니다. 그는 전능하신 하나님이기에 그리하실 수 있고, 신실하신 아버지이기에 그리하기를 원하십니다."

하나님은 우리가 하나님을 전적으로 신뢰하기에 우리 몸과 영혼에 필요한 모든 것을 채워주십니다. "몸과 영혼에 필요한 모든 것"이라는 표현에서 우리는 하이델베르크 요리문답 1문답을 떠올리게 됩니다. 사나 죽으나 우리의 유일한 위로는 우리의 몸과 영혼이 나의 것이 아니라 바로 삼위 하나님께 속했다는 고백 말입니다. 하나님은 하나님께 속한 자들을 결코 그냥 두지 않으십니다. 아버지다운 사랑으로 항상 돌봐주십니다. 저는 하나님의 이러한 돌보심을 삶에서 정말 많이 경험하였습니다. 막힐 듯하면 뚫어주시고, 바닥났다 싶으면 채워주시는 그런 은혜 말입니다. 하나님은 정말 제 인생의 최고의 공급자이십니다.

고난을 다스리시는 섭리주 하나님

저는 그런 사랑이 없으면 어떻게 살아갈까 자주 생각하게 됩니다. 왜냐하면 이 세상은 눈물 골짜기와 같기 때문입니다. 16세기 맥락에서 이 세상을 눈물 골짜기로 표현한 것은 큰 의미가 있습니다. 당시에 성도들은 매우 큰 어려움 속에서 살았습니다. 전반적으로 양식이 부족하고 너무나도 가난해서 제대로 먹지 못하는 사람들이 많았습니다. 제대로 씻지도 못했습니다. 전염병과 온갖 질병들이 주기적으로 찾아왔습니다. 게다가 로마 가톨릭의 핍박으로 생명의 위협을 느끼며 살아야 했습니다.

　오늘날의 상황은 그때보다 더 낫습니다. 하지만 여전히 눈물 골짜기를 지나는 것이 인생입니다. 우리 인생이 그토록 슬픔에도 불구하고 슬픔에 먹먹하게 잠겨 살아가지 않는 이유는 오직 하나님 때문입니다. 우리가 하나님을 믿으면 얻게 되는 분명한 확신이 두 가지 있습니다. 첫째, 우리가 그 어떤 시련을 당하더라도 하나님을 의지하면 이겨낼 수 있다는 것입니다. 하나님은 전능하시기에 우리가 기도할 때 그 어려움을 이겨낼 수 있는 힘을 주십니다. 둘째, 우리가 당하는 그 어떤 시련도 우리에게 유익이 될 수 있다는 사실입니다. 왜냐하면 하나님은 신실하시기 때문입니다. 우리가 당하는 고난은 어디서 온 것입니까? 물론 고난 중에는 우리의 잘못으로 생긴 것도 있습니다. 사탄이 준 시험도 있을 수 있습니다. 이유를 알 수 없는 고난도 있습니다.[21] 하지만 그 모든 환란이나 고난이나 역경은 결국 하나님께서 허락하셨기에 생긴 일입니다. 마태복음 10장 29절에서 예수님은 참새 한 마리가 땅에 떨어지는 일도 하나님의 주권에 달린 일이라고 말씀하셨습니다.[22] 세상의 그 어떤 일도 하나님의 권능을 벗어날 수 없습니다.[23] 우

---

21 이에 대한 보다 자세한 설명은 아래의 책을 보라. 우병훈, 『룻기, 상실에서 채움으로』(서울: 좋은씨앗, 2020), 26-28.

22 (마 10:29) 참새 두 마리가 한 앗사리온에 팔리지 않느냐 그러나 너희 아버지께서 허락하지 아니하시면 그 하나도 땅에 떨어지지 아니하리라

23 유대인 랍비 해롤드 쿠쉬너(Harold Kushner)는 하나님의 선하심과 사랑을 옹호하면서도 이 세상의 악이 있음을 논증하는 과정에서, 하나님의 전능성을 부인하는 결과를 낳았다(그의 책, *When Bad Things Happen to Good People*). 그러나 성경은 하나님의 전능성과 주권을 한 치라도 양보하지 않는다. http://www.npr.org/templates/story/story.php?storyId=124582959도 참조.

리는 고난이나 환란이나 역경마저도 하나님이 선하신 뜻을 이루시기 위해 허락하신 것임을 믿어야 합니다. 심지어 우리의 잘못 때문에 당한 고난이라 하더라도, 그 고난을 통해서 하나님과 가까워진다면 선한 결과를 이룰 수 있습니다.

창조주와 섭리주 하나님을 믿는 사람의 기도

제가 이런 설교를 하니까 두 학생이 물었습니다. "하나님께서 정말 감당하지 못할 시험 당함을 허락하지 않으십니까?" "그렇다면 시험을 감당하지 못한 상태는 어떤 것입니까?"

먼저 뒤의 질문부터 대답하겠습니다. 감당하지 못할 시험이란 우리 영혼에 아무런 도움이 안 되는 시험, 더 심하게는 우리 인생을 망가뜨려버리는 시험을 말합니다. 하나님은 우리에게 그런 시험을 주시지는 않습니다. 그런 것은 사탄이 원하는 시험일 뿐입니다.

그렇다면 하나님은 정말 우리가 감당할 수 있는 시험만 주십니까? 그리하여 우리가 시험을 이겨내고 승리하여 하나님께 영광을 돌리도록 하십니까? 성경은 분명히 그렇다고 말씀합니다.

사람이 감당할 시험 밖에는 너희가 당한 것이 없나니 오직 하나님은 미쁘사 너희가 감당하지 못할 시험 당함을 허락하지 아니하시고 시험

당할 즈음에 또한 피할 길을 내사 너희로 능히 감당하게 하시느니라
(고전 10:13)

그러나 저는 우리가 시험 당할 때 아무것도 안 해도 그 시험을 감당할 수 있다고 믿지는 않습니다. 우리는 선하신 하나님을 믿고 열심히 기도해야 합니다. 부르짖어야 합니다. 하나님의 주권을 믿는 성도들의 약점이 잘 부르짖지 않는다는 것입니다. 그래서는 안 됩니다. 하나님의 절대적 주권과 섭리를 믿기 때문에 더욱 부르짖어야 합니다. 사도 바울이 그러한 모습을 가장 잘 보여주었습니다. 그는 누구보다 하나님의 주권과 권능과 섭리를 믿는 사람이었지만, 그것을 믿기에 더욱 열심히 부르짖었습니다. 하나님은 성도의 기도를 사용하여 하나님의 섭리를 펼치시는 경우가 많기 때문입니다. 하나님께서 우리의 기도를 쓰셔서 우리 삶을, 우리 가정을, 우리 교회를, 더 나아가 이 사회와 세계를 바꾸시는 것은 얼마나 가슴 벅찬 일입니까? 우리는 그런 믿음으로 기도해야 합니다. 우리의 아버지께서 천지의 창조주이신 하나님이시기에 우리는 더욱 힘을 내어 기도할 수밖에 없습니다. 오늘 이사야서 본문은 이렇게 말씀합니다.

야곱아 어찌하여 네가 말하며 이스라엘아 네가 이르기를 내 길은 여호와께 숨겨졌으며 내 송사는 내 하나님에게서 벗어난다 하느냐 너는 알지 못하였느냐 듣지 못하였느냐 영원하신 하나님 여호와, 땅 끝까지 창

조하신 이는 피곤하지 않으시며 곤비하지 않으시며 명철이 한이 없으
시며 피곤한 자에게는 능력을 주시며 무능한 자에게는 힘을 더하시나
니 소년이라도 피곤하며 곤비하며 장정이라도 넘어지며 쓰러지되 오직
여호와를 앙망하는 자는 새 힘을 얻으리니 독수리가 날개치며 올라감
같을 것이요 달음박질하여도 곤비하지 아니하겠고 걸어가도 피곤하지
아니하리로다(사 40:27-31)

사랑하는 여러분, 땅 끝까지 창조하신 하나님은 우리가 기도할 때 언
제라도 능력과 힘을 주십니다. 독수리가 날개 치며 올라가듯 힘차게
올라가는 성도님들이 되시기를 기도합니다. 아멘.

모든 인간의
근원적 문제

(로마서 5:12)

모든 인간의 근원적 문제

12. 그러므로 한 사람으로 말미암아 죄가 세상에 들어오고 죄로
    말미암아 사망이 들어왔나니 이와 같이 모든 사람이 죄를 지었
    으므로 사망이 모든 사람에게 이르렀느니라

(로마서 5:12)

하이델베르크 요리문답
제4주일

9문: 하나님께서 사람이 행할 수 없는 것을 그의 율법에서 요구하신 다면 이것은 부당한 일이 아닙니까?

답: 아닙니다. 하나님은 사람이 행할 수 있도록 창조하셨으나,[1] 사람 은 마귀의 꾐에 빠져 고의(故意)로 불순종하였고,[2] 그 결과 자기 자신뿐 아니라 그의 모든 후손도 하나님의 그러한 선물들을 상 실하게 되었습니다.[3]

10문: 하나님께서는 그러한 불순종과 반역을 형벌하지 않고 지나치시 겠습니까?

답: 결코 그렇지 않습니다. 하나님께서는 원죄(原罪)와 자범죄(自犯罪) 모두에 대해 심히 진노하셔서 그 죄들을 이 세상에서 그리고 영 원히 의로운 심판으로 형벌하실 것입니다.[4] 하나님께서는 "누구 든지 율법 책에 기록된 대로 모든 일을 항상 행하지 아니하는 자 는 저주 아래에 있는 자라"(갈 3:10)고 선언하셨습니다.[5]

---

1 증거구절: 창 1:27; 2:16-17.

2 증거구절: 창 3:4-6,13; 요 8:44; 딤전 2:13-14.

3 증거구절: 롬 5:12.

4 증거구절: 창 2:17; 출 20:5; 34:7; 시 5:4-5; 7:11-13; 나 1:2; 롬 1:18; 5:12; 엡 5:6; 히 9:27.

5 증거구절: 신 27:26.

11문: 그러나 하나님은 또한 자비하신 분이 아닙니까?

답: 하나님은 참으로 자비하신 분이나[6] 동시에 의로우신 분입니다.[7] 죄는 하나님의 지극히 높으신 엄위를 거슬러 짓는 것이므로 하나님의 공의는 이 죄에 대해 최고의 형벌, 곧 몸과 영혼에 영원한 형벌을 내릴 것을 요구합니다.[8]

하이델베르크 요리문답의 구조와 성경

하이델베르크 요리문답의 구조는 간단한 서문인 1-2문답 다음에, "비참-구원-감사의 삼중구조"로 되어 있습니다. 이러한 삼중구조는 성경에도 종종 나타납니다. 한 예로, 룻기를 들 수 있습니다. 룻기 1장에 비참한 룻과 나오미의 모습이 나옵니다. 그런데 2장과 3장을 지나면서 하나님의 구원이 나오고 마침내 4장에서 나오미는 감사 찬송하게 됩니다.[9] 출애굽기도 비슷합니다. 출애굽기 1장을 보면 이스라엘 백성들이 처한 비참한 상황이 나옵니다. 2장부터 19장까지 하나님의 놀라

---

6   증거구절: 출 20:6; 34:6-7.

7   증거구절: 출 20:5; 23:7; 신 7:9-11; 히 10:30-31.

8   증거구절: 나 1:2-3; 마 25:45-46; 살후 1:8-9.

9   이에 대한 자세한 설명은 우병훈, 『룻기, 상실에서 채움으로』, 87-89를 보라.

운 구원이 나옵니다. 20장부터 40장까지 나오는 율법은 감사의 측면에서 이해할 수 있습니다. 이처럼 "비참-구원-감사의 삼중구조"를 기억하고 있으면 성경을 이해할 때도 도움을 얻을 수 있습니다.

선하게 지음 받았으나 타락한 인간

우리가 읽은 하이델베르크 요리문답 9, 10, 11문답은 "비참"의 가장 마지막 부분입니다. 순서대로 9문답부터 살펴보겠습니다. 9문답을 이해하기 위해서는 8문답을 살펴봐야 합니다. 8문답의 내용은 인간이 선을 행할 수 없고, 온갖 악만 행한다는 것입니다. 우리가 성령으로 거듭나지 않는 이상 하나님의 말씀을 행할 수 없는 상태에 계속 놓이게 됩니다. 하나님은 선을 요구하시는데, 우리는 그것을 행할 수 없다는 뜻입니다.

어떤 사람들은 이를 부당하다고 생각할 수 있습니다. 그런 사람들을 대신하여 9문답이 다음과 같이 질문하고 있습니다.

> 9문: 하나님께서 사람이 행할 수 없는 것을 그의 율법에서 요구하신다면 이것은 부당한 일이 아닙니까?

얼핏 보기에는 이 질문이 일리가 있어 보입니다. 하나님께서 율법에서 완벽한 선을 요구하시니, 어떻게 인간이 지킬 수 있겠냐는 말입니다. 오히려 하나님이 부당하다는 것입니다. 그러나 하이델베르크 요리문답은 다르게 대답합니다.

> 9답: 아닙니다. 하나님은 사람이 행할 수 있도록 창조하셨으나, 사람은 마귀의 꾐에 빠져 고의(故意)로 불순종하였고, 그 결과 자기 자신뿐 아니라 그의 모든 후손도 하나님의 그러한 선물들을 상실하게 되었습니다.

하나님은 태초에 인간이 선을 행할 수 있도록 지으셨습니다. 그런데 인간이 마귀의 꾐에 빠져 고의로 불순종했습니다. 그때부터 인간은 하나님의 선물들을 상실하게 되었습니다. 전도서 7장 29절을 보면 이런 말씀이 나옵니다.

> 내가 깨달은 것은 오직 이것이라 곧 하나님은 사람을 정직하게 지으셨으나 사람이 많은 꾀들을 낸 것이니라(전 7:29)

인간이 선을 행할 능력을 상실한 것은 하나님 탓이 아닙니다. 하나님께서 주신 자유의지를 제대로 사용하지 못하고, 도리어 죄를 짓는 데 사용한 인간 탓입니다. 비록 마귀가 유혹하긴 했지만 인간이 하나님의 말씀으로 이겼어야 했는데, 그러지 못했습니다. 인간도 고의로 불순종하였습니다. 최초의 죄는 마귀의 유혹과 인간의 불순종이 합쳐져서 만들어낸 합작품입니다.

죄로 인해 죽은 아담

인간이 타락했을 때부터 인간의 본성은 심히 부패하게 되었습니다(7문답). 하나님이 아니라 자신의 욕망을 추구하게 되었습니다. 선이 아니라 악을 더 즐거워하게 되었습니다. 비극입니다. 그런데 그보다 더 큰 비극은 인간이 스스로의 힘으로는 이 상태에서 벗어날 수 없다는 데 있습니다. 우리가 읽었던 로마서 5장 12절의 앞부분은 이렇게 말합니다.[10]

---

10 로마서 주석으로 아래의 주석들을 추천한다. 더글라스 무, 『NICNT 로마서』, 손주철 옮김(서울: 솔로몬, 2011); 더글라스 무, 『로마서 - NIV 적용주석』, 채천석 옮김(서울: 솔로몬, 2011); 더글라스 무, 『IVP 성경주석(신약)』(황영철 감수: IVP, 2005)의 로마서 부분; 토마스 슈라이너, 『BECNT 베이커 신약 성경 주석, 로마서』, 배용덕 옮김(서울: 부흥과개혁사, 2012); C.E.B. 크랜필드, 『로마서 주석』, 문선희 옮김(서울: 로고스, 2003); 제임스 던, 『WBC - 로마서(상) 1~8』, 김철, 채천석 옮김(서울: 솔로몬, 2003); 제임스 던, 『WBC - 로마서(하) 9~16』, 김철, 채천석 옮김(서울: 솔로몬, 2005); 존 스토트, 『로마서 강해: 온 세상을 향한 하나님의 복음 - BST 시리즈』, 정옥배 옮김(서울: IVP, 1996); 마르틴 루터, 『로마서 강의』, 이재하, 강치원 옮김(서울: 두란노, 2011); 존 칼빈, 『로마서 주석』, 박문재 옮김(서울: 크리스챤다이제스트사, 2013); Richard N. Longenecker, *The Epistle to the Romans: A Commentary on the Greek Text*, ed. I. Howard Marshall and Donald A. Hagner, New International Greek Testament Commentary (Grand Rapids, MI: William B. Eerdmans Publishing Company, 2016).

그러므로 한 사람으로 말미암아 죄가 세상에 들어오고 죄로 말미암아
사망이 들어왔나니(롬 5:12a)

여기서 한 사람은 아담을 가리킵니다. 아담 때문에 죄가 세상에
들어오게 되었습니다. 창세기 3장에 보면 아담이 선악을 알게 하는
나무의 열매를 먹는 죄를 지었고 이로 인해 사망이 들어왔다고 말합
니다.

여기서 말하는 사망은 물론 육체적인 사망도 뜻합니다. 하지만 더
본질적으로는 영적인 사망을 말합니다. 창세기 2장 17절에서 하나님
은 "선악을 알게 하는 나무의 열매는 먹지 말라 네가 먹는 날에는 반
드시 죽으리라."고 말씀하셨습니다. 그렇다면 선악을 알게 하는 나무
의 열매를 먹었을 때 아담과 하와는 죽었을까요, 안 죽었을까요? 물론
육체적으로 아담과 하와는 살아있었습니다. 하지만 성경에서 말하는
근원적인 죽음인 영적인 죽음의 측면에서 볼 때, 아담과 하와는 죽었
습니다. 아담과 하와는 하나님과 분리되었고, 영적으로 죽게 되었습니
다.[11]

그런데 영적으로 죽은 그들이 육체적으로 아직 살아 있을 때 놀랍
게도 하나님께서 찾아오셨습니다.

---

11 이러한 영적 현실에 대해서 이정규, 『새가족반』(서울: 복있는사람, 2018), 3장과 4장을 보라.

여호와 하나님이 아담을 부르시며 그에게 이르시되 네가 어디 있느냐
(창 3:9)

많은 분들이 창세기 3장 15절을 "원시복음(元始福音)"이라고 하는데, 저는 창세기 3장 9절을 복음 중에 복음으로 여깁니다. "아담아, 네가 어디 있느냐?" 하나님을 거부하며 떠난 아담을 하나님께서 먼저 찾아오셨습니다. 이것이 복음입니다. 하나님을 피해 숨었던 아담을 하나님께서 먼저 불러주셨습니다. 이것이 복음입니다.

먼저 찾아오셔서 부르신 하나님의 은혜로 아담과 하와는 원시복음을 받게 되고, 비록 에덴동산에서 쫓겨나 육신적으로 죽기는 하였지만, 구원을 받게 된 것입니다. 그렇지 않다면 창세기 3장 15절의 원시복음은 거짓말이 되고 맙니다.

내가 너로 여자와 원수가 되게 하고 네 후손도 여자의 후손과 원수가 되게 하리니 여자의 후손은 네 머리를 상하게 할 것이요 너는 그의 발꿈치를 상하게 할 것이니라 하시고 (창 3:15)

하나님께서 뱀에게, 인간 하와(및 아담)와 원수가 되게 하겠다고 하셨습니다. 뱀의 편에 섰던 사람들을 다시 뱀의 원수가 되게 하겠다고 하셨으니 이것은 구원을 약속한 것입니다. 이처럼 죄로 말미암아 하나님과 분리되어 영적으로 사망한 인간은 오로지 하나님의 은혜로만, 하나님

의 행동으로만 구원 받을 수 있습니다.

죄가 무서운 이유가 무엇입니까? 죄에 빠지면 사망이 찾아옵니다. 사망이란 하나님과의 단절을 의미하는데, 인간 스스로의 힘으로는 그 상태를 다시 회복할 길이 없습니다. 왜냐하면 사망이란 죄의 세력과 죄의 지배 상태를 뜻하기 때문입니다. 죄로 말미암아 비틀어진 본성은 스스로 하나님께 나아갈 수 없습니다. 죄의 지배 상태로 들어와 버렸기 때문입니다. 그것을 사도 바울은 로마서 6장에서 "죄의 종"이 된 상태라고 말합니다(롬 6:16, 17, 20).

고대 사회에서는 종이 되면 거기서 벗어날 수 없었습니다. 누군가가 와서 몸값을 지불하고 사 주어야 그 상태를 벗어날 수 있지, 그렇지 않고서는 벗어날 수가 없습니다.

인간의 근원적인 문제가 무엇입니까? 죄를 지었다는 것입니다. 그래서 죽었다는 것입니다. 그런데 그 죽음의 상태를 벗어날 길이 없다는 것입니다. 죄를 지어 죄의 종이 되어 버린 것, 이것이 바로 모든 인간의 근원적 문제입니다.

모든 사람에게 미치는 아담의 죄

어쩌면 이렇게 반문할 수도 있습니다. "우리의 시조 아담이 타락해서 그가 불행에 빠진 것은 인정합니다. 그런데 왜 아담이 잘못했는데, 나까지 불행해져야 합니까? 아담의 문제는 아담에게서 끝나야지, 왜 나까지 피해를 봐야 합니까?" 상당히 그럴듯한 질문입니다. 특히 개인주의 사회에서 살아가는 우리에게는 이런 식의 사고 방식이 너무 익숙합니다.

그런데 문제는 하나님께서는 인간을 그렇게 대하지 않으신다는 사실입니다. 하나님은 태초에 인간을 지으실 때부터 모든 인간을 언약 관계로 묶어놓으셨습니다. 왜 그러셨을까요? 인간 사회가 잘 굴러가도록 만드신 하나님의 배려입니다. 하나님은 아담이 대표자가 되게 하시고, 그 대표자 안에서 모든 인간이 복을 받도록 하신 것입니다. 이것을 대표의 원리라고 합니다.

이러한 대표의 원리는 우리 생활의 곳곳에 있습니다. 한 집단의 대표를 세워 그 대표를 중심으로 모든 사람이 뭉치고 활동하는 것은 인간에게 너무 익숙한 삶의 방식입니다. 하나님께서는 인간 사회가 그렇게 굴러가게끔 하셨습니다. 물이 위에서 아래로 흐르게 하신 것처럼, 그것은 하나님께서 만드신 법칙입니다. 그 법칙 아래서 아담이 잘 하면 그의 모든 후손이 복을 받고, 아담이 잘못하면 그 모든 후손이 벌을 받게 되어 있었습니다.

그런데 과연 아담이 그 사실을 알았을까요? 자신의 행동이 후세에게 엄청난 영향을 미칠 것이라는 사실을 아담은 알았을까요? 만일 몰랐다면, 타락한 후에 아담은 이렇게 말할 수도 있었을 것입니다. "하나님, 제가 잘못해서 벌을 받는 것은 정당합니다. 그런데 저 때문에 저의 후손들이 다 벌을 받는 것은 부당하지 않습니까? 그러니 저만 벌을 주세요." 만일 그랬다면 우리가 이렇게 죄의 종으로 태어나지 않아도 될 것입니다.

그런데 오늘 하이델베르크 요리문답은 그렇게 말하지 않습니다. 9문답을 다시 봅시다.

> 9답: 아닙니다. 하나님은 사람이 행할 수 있도록 창조하셨으나, 사람은 마귀의 꾐에 빠져 고의(故意)로 불순종하였고, 그 결과 자기 자신뿐 아니라 그의 모든 후손도 하나님의 그러한 선물들을 상실하게 되었습니다.

아담의 타락의 결과로 아담뿐 아니라 그의 모든 후손도 선을 행할 능력을 상실하게 되었다고 가르치고 있습니다. 이것을 하이델베르크 요리문답 10문답에서는 "원죄"라고 말합니다. 아담의 죄로 말미암아 아담의 모든 후손이 죄의 오염과 형벌을 받게 되었다는 것입니다. 아담이 그러한 원죄라는 것에 대해 알았을까요? 분명히 알았습니다.

> 하나님이 그들에게 복을 주시며 하나님이 그들에게 이르시되 생육하고 번성하여 땅에 충만하라, 땅을 정복하라, 바다의 물고기와 하늘의 새와 땅에 움직이는 모든 생물을 다스리라 하시니라 (창 1:28)

생육하고 번성하여 땅에 충만하라는 말씀은, 모두 계속해서 살면서 자녀를 많이 낳으라는 말씀입니다. 그런데 창세기 2장을 보면 다음 말씀이 나옵니다.

> 선악을 알게 하는 나무의 열매는 먹지 말라 네가 먹는 날에는 반드시 죽으리라 하시니라(창 2:17)

"반드시 죽으리라."는 말씀은 이제 그의 존재가 그친다는 뜻입니다. 이제 사라진다는 뜻입니다. 번성할 수 없다는 뜻입니다.

창세기 1장의 생육하고 번성하라는 명령과 2장의 죽음에 대한 경고를 함께 생각해 본다면, 아담은 자신의 선택이 자기 후손 모두에게 영향을 미친다는 사실을 분명히 인식하고 있었을 것입니다. 아담은 어리석은 원시인이 아니었습니다. 성경에서 아담은 매우 지혜로운 사람으로 나타납니다. 그가 각각의 생물에게 이름을 준 것을 보면 알 수 있습니다(창 2:19). 아담은 자신의 행동이 자기 후손 모두에게 영향을 줄 것이라는 사실을 분명히 알았습니다.

원죄를 이해하는 세 가지 방식

그렇다면 하나님은 그토록 큰 불순종을 그냥 놔두실까요? 하이델베르크 요리문답 10문답이 그에 대해 말하고 있습니다.

> 10 문: 하나님께서는 그러한 불순종과 반역을 형벌하지 않고 지나치시
> 겠습니까?
> 답: 결코 그렇지 않습니다. 하나님께서는 원죄(原罪)와 자범죄(自犯罪)
> 모두에 대해 심히 진노하셔서 그 죄들을 이 세상에서 그리고 영
> 원히 의로운 심판으로 형벌하실 것입니다. 하나님께서는 "누구
> 든지 율법 책에 기록된 대로 모든 일을 항상 행하지 아니하는 자
> 는 저주 아래에 있는 자라"(갈 3:10)고 선언하셨습니다.

여기에서 우리는 "원죄(原罪)와 자범죄(自犯罪)"라는 말을 만납니다.
원죄는 아담이 지은 처음의 죄, 본래의 죄를, 자범죄는 각자가 스스로
지은 죄를 뜻합니다.

그렇다면 원죄와 자범죄의 관계는 무엇입니까? 오늘 우리가 읽었
던 로마서 5장 12절에서 자세한 설명을 얻을 수 있습니다.

> 그러므로 한 사람으로 말미암아 죄가 세상에 들어오고 죄로 말미암아
> 사망이 들어왔나니 이와 같이 모든 사람이 죄를 지었으므로 사망이 모
> 든 사람에게 이르렀느니라(롬 5:12)

여기서 중요한 것은 "이와 같이"라는 말입니다. 아담의 죄가 어떻
게 모든 사람에게 영향을 미칠까요? "이와 같이"라는 말을 해석하는

방식에 따라 세 가지가 설명이 있습니다.

첫째는 모방설(imitation view)입니다. 아담이 죄를 지었는데, 그의 자식들이 그를 모방해서 죄가 온 세상에 퍼졌다는 것입니다. 그러나 모든 사람이 날 때는 깨끗하게 태어나는데, 한 사람도 빠짐없이 부모를 따라서 죄를 짓게 되었다는 것은 설득력이 떨어집니다.

둘째는 전염설(infection view)입니다. 감기가 전염되듯이 아담의 죄가 계속 전염되었다는 말입니다. 죄가 이웃에게 영향을 주는 것은 사실입니다. 그러나 가끔씩 면역력이 강한 사람은 가족이 감기 걸려도 자기는 감기에 안 걸리기도 합니다. 따라서 전염설도 문제가 있습니다.

셋째는 내포설(inclusion view)입니다. 아담이 언약의 머리가 되었기에 그 안에 모든 사람이 다 포함되어 있었다는 뜻입니다. 아담이 죄를 지었을 때 모든 사람이 그 안에 포함되어 있었으므로 모든 사람이 죄를 지었다는 설명입니다. 이 내포설이 가장 성경적입니다. 내포설이 전제가 된 이후에, 모방설이나 전염설이 부가적으로 덧붙여져서 설명될 수 있지, 내포설이 전제되지 않으면 다른 설명들은 설득력이 없게 됩니다.

죄에 대한 하나님의 저주와 심판

그렇다면 원죄로 죄인이 되었고, 자범죄로 계속 죄인인 채로 남아 있는 인간들에 대한 하나님의 반응은 무엇입니까? 그것은 바로 저주와 심판입니다. 하나님은 죄를 그냥 지나치지 않으십니다. 반드시 심판하십니다.

여기에 우리 모든 인간이 처한 근원적인 문제가 있습니다.[12] 첫째, 인간이 죄의 종이라는 사실입니다. 둘째, 하나님께서는 죄의 종이 된 인간을 반드시 심판하신다는 사실입니다. 그런데 더 큰 문제가 있습니다. 하나님의 심판은 영원한 심판이라는 사실입니다. 왜 심판이 영원합니까? 그 이유는 두 가지입니다.

첫째, 죄는 단지 어떤 도덕 규칙을 어긴 것이 아니라, 영원하신 하나님에 대한 도전이요 반역이기 때문입니다. 영원하신 하나님의 위엄에 손상을 가한 것이기 때문에 영원히 형벌을 받아야 합니다.

둘째, 인간이 회개하지 않기 때문입니다. 죄를 지은 인간은 죽을 때까지 회개하지 않습니다. 죽고 나서는 회개할 기회도 없습니다. 따라서 죄는 영원히 남아 있게 되고, 심판 역시 영원합니다.

---

12 한병수, 『기독교란 무엇인가』(서울: 복있는사람, 2017), 제5강의 2항목과 3항목을 보라.

엄위로우시고 의로우신 하나님

이것을 들으면 우리 마음속에는 당연히 "하나님은 사랑의 하나님이신데, 왜 영원한 형벌을 주십니까?"라는 질문이 생깁니다. 하이델베르크 요리문답 11문답이 그것을 묻고 있습니다.

> 11문: 그러나 하나님은 또한 자비하신 분이 아닙니까?
> 답: 하나님은 참으로 자비하신 분이나 동시에 의로우신 분입니다. 죄
> 는 하나님의 지극히 높으신 엄위를 거슬러 짓는 것이므로 하나
> 님의 공의는 이 죄에 대해 최고의 형벌, 곧 몸과 영혼에 영원한 형
> 벌을 내릴 것을 요구합니다.

여기에서 우리는 하나님을 우리 방식으로 생각해서는 안 되고, 성경이 가르쳐주는 방식으로 생각해야 한다는 것을 깨닫게 됩니다. 우리는 하나님을 생각할 때 우리에게 유리한 것만 생각하기 쉽습니다. 하나님은 사랑의 하나님, 자비의 하나님, 죄를 용서하시는 하나님이시라는 생각입니다. 틀린 것은 아니지만 우리가 더 기억해야 할 것이 있습니다. 하나님은 의로우시고, 거룩하시고, 죄에 대해 진노하시는 하나님이라는 사실입니다.[13]

---

13 이정규, 『새가족반』, 134-35에서는 하나님의 사랑과 하나님의 진노를 하나님의 속성 가운데

시편 7편 11절은 이렇게 말씀합니다.

하나님은 의로우신 재판장이심이여 매일 분노하시는 하나님이시로다
(시 7:11)

따라서 우리는 하나님의 엄위로우심과 하나님의 의로우심에 대해
서 늘 묵상해야 합니다. 그렇지 않으면 자칫 하나님을 가볍게 생각할
수 있습니다.

사실 이렇게 하나님께서 자신이 누구신지 분명히 알려주시는 것
자체가 은혜입니다. 성경에서 지옥에 대해 제일 많이 말씀하신 분은
사랑이 많으신 예수님입니다. 예수님은 한 사람도 지옥에 가지 말라
는 뜻에서 그렇게 자주 경고하신 것입니다. 하나님께서 우리에게 하나
님의 심판에 대해서 이렇게 철저하게 말씀해 주시는 까닭도 다른 이
유가 없습니다. 우리가 속히 회개하고 주님께로 나와서 한 사람도 심
판 받지 않고 구원 받도록 하기 위함입니다.

통합적으로 설명한다. 하나님의 진노는 그분의 영원한 사랑 안에서 악에 대해 보이시는 반응
이기 때문이다.

죄, 심판, 은혜에 대한 묵상

사랑하는 여러분, 인간은 죄인입니다. 헬무트 틸리케라는 독일의 설교자는 이렇게 말했습니다.

> "인간이 도둑질을 해서 도둑이 되는 것이 아니다. 인간은 이미 도둑이기 때문에 도둑질을 하는 것이다. 인간이 살인을 해서 살인자가 되는 것이 아니다. 인간은 이미 살인자이기 때문에 살인을 하는 것이다."

살아가면서 우리 안에 얼마나 많은 죄가 꿈틀거리는지 살펴보면, 인간이 도둑이며 살인자이며 죄인이라는 것을 잘 알게 됩니다. 인간은 탐심의 노예이며, 미움의 노예이며, 정욕의 노예입니다. 그 죗값을 스스로 갚을 수 없습니다. 날마다 더 많은 죄를 짓기 때문에 죗값을 갚기는커녕 오히려 더 쌓아갈 뿐입니다.[14] 그런데 바로 그 죗값을 그리스도께서 갚아주셨습니다. 온전한 제물로 자신을 영단번에 드린 대제사장 되신 그리스도는 인간이 가진 죄의 문제를 근원적으로 해결해주셨습니다.[15]

---

14 하이델베르크 요리문답 제 13문답을 보라.
  13문: 우리가 스스로 하나님의 의를 만족시킬 수 있습니까?
   답: 결코 그렇지 않습니다. 오히려 우리는 날마다 우리의 죄책(罪責)을 증가시킬 뿐입니다.
15 (히 9:14) 하물며 영원하신 성령으로 말미암아 흠 없는 자기를 하나님께 드린 그리스도의 피가

따라서 우리는 우리 자신의 죄에 대해 깊이 묵상해야 합니다. 그 죄에 대해 진노하시는 하나님의 영원한 심판에 대해 깊이 묵상해야 합니다. 그리고 우리에게 주신 하나님의 은혜를, 예수 그리스도를 더욱 굳건하게 붙잡아야 합니다. 이러한 은혜가 여러분 모두에게 임하기를 주님의 이름으로 간절히 소망합니다. 아멘.

어찌 너희 양심을 죽은 행실에서 깨끗하게 하고 살아 계신 하나님을 섬기게 하지 못하겠느냐

생명에 이르는
회개의 원천

(에스겔 36:22-32)

생명에 이르는 회개의 원천

22. 그러므로 너는 이스라엘 족속에게 이르기를 주 여호와께서 이같이 말씀하시기를 이스라엘 족속아 내가 이렇게 행함은 너희를 위함이 아니요 너희가 들어간 그 여러 나라에서 더럽힌 나의 거룩한 이름을 위함이라

23. 여러 나라 가운데에서 더럽혀진 이름 곧 너희가 그들 가운데에서 더럽힌 나의 큰 이름을 내가 거룩하게 할지라 내가 그들의 눈 앞에서 너희로 말미암아 나의 거룩함을 나타내리니 내가 여호와인 줄을 여러 나라 사람이 알리라 주 여호와의 말씀이니라.

24. 내가 너희를 여러 나라 가운데에서 인도하여 내고 여러 민족 가운데에서 모아 데리고 고국 땅에 들어가서

25. 맑은 물을 너희에게 뿌려서 너희로 정결하게 하되 곧 너희 모든 더러운 것에서와 모든 우상 숭배에서 너희를 정결하게 할 것이며

26. 또 새 영을 너희 속에 두고 새 마음을 너희에게 주되 너희 육신에서 굳은 마음을 제거하고 부드러운 마음을 줄 것이며

27. 또 내 영을 너희 속에 두어 너희로 내 율례를 행하게 하리니 너희가 내 규례를 지켜 행할지라

28. 내가 너희 조상들에게 준 땅에서 너희가 거주하면서 내 백성이 되고 나는 너희 하나님이 되리라

29. 내가 너희를 모든 더러운 데에서 구원하고 곡식이 풍성하게 하여 기근이 너희에게 닥치지 아니하게 할 것이며

30. 또 나무의 열매와 밭의 소산을 풍성하게 하여 너희가 다시는 기근의 욕을 여러 나라에게 당하지 아니하게 하리니

31. 그 때에 너희가 너희 악한 길과 너희 좋지 못한 행위를 기억하고 너희 모든 죄악과 가증한 일로 말미암아 스스로 밉게 보리라

32. 주 여호와의 말씀이니라 내가 이렇게 행함은 너희를 위함이 아닌 줄을 너희가 알리라 이스라엘 족속아 너희 행위로 말미암아 부끄러워하고 한탄할지어다

(에스겔 36:22-32)

웨스트민스터 소요리문답 87문답[1] (대요리문답 76문답)

문: 생명에 이르는 회개는 무엇입니까?
답: 생명에 이르는 회개는 구원하는 은혜인데,[2] 이로 말미암아 죄인이
   자기 죄를 바로 알고 그리스도 안에서 하나님의 자비를 깨달아,[3] 자
   기 죄를 슬퍼하고 미워함으로 죄에서 떠나 하나님께로 돌아가며[4],
   새로운 순종을 목적으로 삼고 그것을 추구하는 것입니다.[5]

웨스트민스터 소요리문답 87문답은 생명에 이르는 회개에 대해 가
르치고 있습니다. 87문답에 인용된 성경 구절들 가운데 에스겔 36장
은 87문답의 모든 내용을 두루 아우르는 귀한 본문입니다. 이 본문은
언약이라는 관점에서 볼 때 구약 성경에서 가장 위대한 본문입니다.

---

1 **Question 87. What is repentance unto life?**
   Repentance unto life is a saving grace, (Acts 11:18) whereby a sinner, out of a true sense of his
   sin, (Acts 2:37-38) and apprehension of the mercy of God in Christ, (Joel 2:12, Jer. 3:22) doth,
   with grief and hatred of his sin, turn from it unto God, (Jer. 31:18-19, Ezek. 36:31) with full
   purpose of, and endeavour after, new obedience. (2 Cor. 7:11, Isa. 1:16-17), *The Westminster
   Shorter Catechism: With Scripture Proofs*, 3rd edition. (Oak Harbor, WA: Logos Research
   Systems, Inc., 1996).

2 증거구절: 행 11:18.

3 증거구절: 행 2:37-38.

4 증거구절: 욜 2:13; 행 26:18; 시 119:59; 롬 6:18; 겔 36:31.

5 증거구절: 롬 1:5; 16:26.

본문의 구조를 보면 22절에 "내가 이렇게 행함은 너희를 위함이 아니요"라는 말씀이 나오고, 32절에서 "내가 이렇게 행함은 너희를 위함이 아닌 줄을 너희가 알리라"라는 말씀이 반복처럼 등장합니다. 성경에서 이렇게 비슷한 단어나 문장이 하나의 문단에서 앞뒤로 반복되는 것을 수미상관식 구조 혹은 순환구조(inclusio)라고 합니다. 구약과 신약 성경 시대는 구술문화 시대였기 때문에 이렇게 한 단락의 시작과 끝 부분에 동일한 단어나 문장을 넣음으로써 그 전체가 하나의 생각을 전달하는 덩어리임을 보여주었습니다.

무덤과 같은 상황

오늘 본문이 주어진 시점은 이스라엘 백성들이 바벨론에 포로로 잡혀가 있는 상황입니다. 에스겔서의 기록 장소 역시 바벨론입니다.[6] 에

6　에스겔서 주석은 아래의 주석들이 좋다. Daniel Isaac Block, *The Book of Ezekiel*, Chapters 1-24, The New International Commentary on the Old Testament (Grand Rapids, MI: Wm. B. Eerdmans Publishing Co., 1997); Daniel Isaac Block, *The Book of Ezekiel*, Chapters 25-48, The New International Commentary on the Old Testament (Grand Rapids, MI: Wm. B. Eerdmans Publishing Co., 1997); Iain M. Duguid, *Ezekiel*, The NIV Application Commentary (Grand Rapids, MI: Zondervan Publishing House, 1999); Leslie C. Allen, *Ezekiel 1-19*, vol. 28, Word Biblical Commentary (Dallas: Word, Incorporated, 1994); Leslie C. Allen, *Ezekiel 20-48*, vol. 29, Word Biblical Commentary (Dallas: Word, Incorporated, 1990); Lamar Eugene Cooper,

스겔은 원래 유다의 제사장이었지만 주전 597년에 바벨론 왕 느부갓네살 때 포로로 잡혀갔습니다. 에스겔서 1장 2-3절을 보면, 바벨론에 거주한 지 5년째 되던 해에 에스겔은 선지자로 소명을 받았다고 적고 있습니다.

> 여호야긴 왕이 사로잡힌 지 오 년 그 달 초닷새라 갈대아 땅 그발 강 가에서 여호와의 말씀이 부시의 아들 제사장 나 에스겔에게 특별히 임하고 여호와의 권능이 내 위에 있으니라(겔 1:2-3)

에스겔 36장은 에스겔이 포로 생활을 한 지 10년이 지난 때에 그가 받은 계시입니다. 처음 유다 백성들이 바벨론에 포로로 잡혀갔을 때만 해도 그들은 조만간 하나님께서 다시 고국으로 귀환시킬 것이라고 착각했습니다. 예루살렘 도성과 성전이 건재했기 때문입니다.[7] 그러나 첫 포로가 잡혀간 지 10년째 되던 해에 느부갓네살 왕은 예루살렘 성전을 불태워버렸고, 유다에서 다시 잡혀온 포로들이 홍수처럼

Ezekiel, vol. 17, The New American Commentary (Nashville: Broadman & Holman Publishers, 1994); Christopher J. H. Wright, *The Message of Ezekiel: A New Heart and a New Spirit*, ed. Alec Motyer and Derek Tidball, The Bible Speaks Today (Nottingham, England: Inter-Varsity Press, 2001).

7 크리스토퍼 라이트, 『구약의 빛 아래서 성령님을 아는 지식』, 홍종락 옮김(서울: 성서유니온, 2010), 138.

바벨론으로 밀려들어 이미 포로로 와 있던 자들과 합류했습니다. 에스겔 37장에 보면 마른 뼈가 살아나는 환상이 나오는데, 그것은 당시에 이스라엘 백성들이 자신들의 상황을 마른 뼈가 가득한 무덤과 같은 상황으로 인식하고 있었음을 보여줍니다. 이스라엘은 범죄하여 역사의 무덤으로 떨어져 버린 것입니다.

하나님의 이름의 회복을 위한 이중적 패턴

그렇게 모든 소망이 끊어진 상황을 배경으로 오늘 말씀을 이해해야 합니다. 본문은 이렇게 시작합니다.

> 그러므로 너는 이스라엘 족속에게 이르기를 주 여호와께서 이같이 말씀하시기를 이스라엘 족속아 내가 이렇게 행함은 너희를 위함이 아니요 너희가 들어간 그 여러 나라에서 더럽힌 나의 거룩한 이름을 위함이라 여러 나라 가운데에서 더럽혀진 이름 곧 너희가 그들 가운데에서 더럽힌 나의 큰 이름을 내가 거룩하게 할지라 내가 그들의 눈 앞에서 너희로 말미암아 나의 거룩함을 나타내리니 내가 여호와인 줄을 여러 나라 사람이 알리라 주 여호와의 말씀이니라(겔 36:22-23)

이 말씀을 보면 아주 중요한 패턴 하나가 발견됩니다. 약속의 땅에 살던 이스라엘 백성들이 타락했습니다. 그들이 하나님의 이름을 더럽힌 것입니다. 그런 그들을 하나님께서 심판하십니다. 심판하실 때 이방인들을 통해서 심판하셔서, 이방인들이 이스라엘 백성들을 포로로 잡아갔습니다.

그런데 다시 이방인들 사이에서 하나님의 이름이 더럽혀집니다. 하나님을 믿는 이스라엘 백성들이 포로생활을 하니까 이방인들이 하나님의 이름을 멸시한 것입니다. 그래서 하나님은 이스라엘 백성들을 다시 구원하심으로써 하나님의 이름의 영광을 회복하십니다.[8]

하나님의 거룩하신 이름이 이스라엘 백성들에 의해 더럽혀질 때 하나님은 이스라엘 백성들을 심판하셨습니다. 그런데 하나님의 거룩하신 이름이 이방인들에 의해 더럽혀질 때 하나님은 이스라엘 백성들을 구원하십니다. 하나님이 자기의 이름을 거룩하게 하시는 역사가 한번은 이스라엘 백성들에게 심판이 되고 한번은 그들에게 구원이 됩니다.

하나님의 구원하시는 행동

백성들을 구원하시는 하나님은 어떤 일을 하십니까? 24절에 보니 그들을 다시 고국 땅으로 데려가시겠다고 하십니다.

---

8   이런 패턴에 대해서는 롬 2:24에 대한 주석들을 참조하라.

내가 너희를 여러 나라 가운데에서 인도하여 내고 여러 민족 가운데에서 모아 데리고 고국 땅에 들어가서(겔 36:24)

이것은 아브라함에게 주셨던 언약을 다시 회복하시겠다는 약속입니다. 창세기 12장 1-3절을 보면, 이스라엘 언약 역사에 가장 기초가 되는 아브라함 언약이 나옵니다.

여호와께서 아브람에게 이르시되 너는 너의 고향과 친척과 아버지의 집을 떠나 내가 네게 보여 줄 땅으로 가라 내가 너로 큰 민족을 이루고 네게 복을 주어 네 이름을 창대하게 하리니 너는 복이 될지라 너를 축복하는 자에게는 내가 복을 내리고 너를 저주하는 자에게는 내가 저주하리니 땅의 모든 족속이 너로 말미암아 복을 얻을 것이라 하신지라
(창 12:1-3)

하나님은 아브라함에게 다섯 가지 약속 즉, 땅과 자손과 이름과 관계와 복의 약속을 주셨습니다.[9] 이 약속에서 오늘 본문과 관련하여 중요한 것은 땅에 대한 약속입니다. 아브라함과 그의 자손들이 하나님의 언약에 충실하면 하나님은 그들에게 땅을 주시고 그 땅에 살도록

---

9 이를 "아브라함의 오각형"이라고 부를 수 있다. 보다 자세한 설명은 우병훈, 『룻기, 상실에서 채움으로』, 43-45를 보라.

하십니다. 그들이 하나님을 배반하여 떠나면 약속의 땅에서 쫓겨나게 될 것입니다. 실제로 이스라엘 백성들은 하나님의 언약에 불성실하여 그 땅에서 쫓겨났습니다. 그러나 하나님은 자기 영광의 회복을 위하여 다시 그들을 약속의 땅으로 회복시켜 주실 것입니다. 그 회복의 과정이 25절부터 30절까지 자세히 나옵니다.

> 맑은 물을 너희에게 뿌려서 너희로 정결하게 하되 곧 너희 모든 더러운 것에서와 모든 우상 숭배에서 너희를 정결하게 할 것이며(겔 36:25)

하나님께서 이스라엘 백성들을 우상 숭배로부터 깨끗하게 하실 것입니다. 이것은 십계명 1계명의 회복이 이뤄질 것을 말씀하신 것입니다.[10] 십계명 1계명은 모든 율법의 기초와 근본입니다. 마르틴 루터가 말한 것처럼, 모든 죄는 십계명 1계명의 위반이며, 모든 선행은 십계명 1계명을 지키는 것에서부터 나오기 때문입니다.[11] 이제 하나님은

---

10 (출 20:3) 너는 나 외에는 다른 신들을 네게 두지 말라

11 Martin Luther, "Treatise on Good Works (1520)," in The Christian in Society I, ed. James Atkinson, *Luther's Works* 44 (Philadelphia: Fortress, 1966), 15-114; R. Michael Allen, *Justification and the Gospel: Understanding the Contexts and Controversies* (Grand Rapids, MI: Baker Academic, 2013), 11-12; Karl Barth, "The First Commandment as a Theological Axiom," in *The Way of Theology in Karl Barth: Essays and Comments*, ed. H. Martin Rumscheidt (Allison Park, PA: Pickwick, 1986), 63-78.

이스라엘 백성들이 율법을 다시 지킬 수 있게 하십니다. 26절에는 더 놀라운 말씀이 나옵니다.

> 또 새 영을 너희 속에 두고 새 마음을 너희에게 주되 너희 육신에서 굳은 마음을 제거하고 부드러운 마음을 줄 것이며(겔 36:26)

이 구절은 에스겔 11장 19절의 반복입니다.

> 내가 그들에게 한 마음을 주고 그 속에 새 영을 주며 그 몸에서 돌 같은 마음을 제거하고 살처럼 부드러운 마음을 주어(겔 11:19)

이것은 "마음의 할례"를 받게 해 주시겠다는 말씀입니다. 마음의 할례라는 표현은 모세가 신명기 30장 6절에서 처음 썼던 표현입니다. 거기서 모세는 너무나 놀랍게도 이스라엘 백성들이 장차 포로로 잡혀갈 것이지만, 그들이 다시 하나님의 언약을 기억하면 하나님께서 그들에게 마음의 할례를 주실 것이라고 이미 예언하였습니다.

> 네 하나님 여호와께서 네 마음과 네 자손의 마음에 할례를 베푸사 너로 마음을 다하며 뜻을 다하여 네 하나님 여호와를 사랑하게 하사 너로 생명을 얻게 하실 것이며(신 30:6)

에스겔은 무덤과 같은 바벨론 땅에서 그 일이 일어날 것이라고 예언하고 있습니다. 마음의 할례는 하나님께서 주도하십니다. 그 일은 하나님께서 새 영, 즉 성령을 보내주실 때 가능합니다.

하나님의 새 영을 받은 사람은 어떻게 됩니까? 첫째, 마음이 새롭게 됩니다. 굳은 마음 즉 돌과 같았던 백성들의 마음이, 이제는 부드러운 마음 즉 살과 같은 마음이 됩니다. 돌의 마음은 차갑고, 무감각하며, 고칠 수 없었고, 생명이 없었습니다. 그러나 이제 살의 마음은 따뜻하며, 반응하며, 변화되며, 생명력으로 가득합니다.[12] 둘째, 하나님의 율례와 규례를 지키게 됩니다.

> 또 내 영을 너희 속에 두어 너희로 내 율례를 행하게 하리니 너희가 내
> 규례를 지켜 행할지라 (겔 36:27)

이스라엘 백성들이 그렇게 지키지 않으려 했던 하나님의 율례와 규례를 이제는 자발적으로 지키게 됩니다. 하나님께서 성령을 보내어서 그렇게 행하도록 해 주시기 때문입니다.

이 모든 일을 28절에서는 "[너희는] 내 백성이 되고 나는 너희 하나님이 되리라"고 요약합니다. "[너희는] 내 백성이 되고 나는 너희 하나님이 되리라"는 말씀은 언약 공식입니다. 그래서 탁월한 청교도 토마스 굿윈은 성경에서 "나의 하나님"이라는 표현이 나오는 곳은 모두 언약

---

12 Block, *The Book of Ezekiel, Chapters 25-48*, 355.

의 하나님을 부르는 것이라고 가르쳤습니다.[13] 이제 하나님으로 말미암아 이스라엘 백성들과 하나님 사이에 언약이 갱신된 것입니다.

그 결과 이스라엘 백성들에게 곡식이 풍성하게 되며, 기근이 더 이상 없고, 나무의 열매와 밭의 소산이 풍성하게 될 것이라고 말씀합니다(겔 36:29, 30). 언약의 복을 주시겠다는 말씀입니다. 하나님과의 영적인 관계가 회복되자, 이제 하나님은 그들에게 물질적인 복도 주시겠다고 말씀하십니다.

이렇게 하나님께서 그들이 행했던 우상숭배를 제거하여 십계명 1계명을 회복시켜 주시고, 새 영을 보내셔서 살과 같은 부드러운 마음을 주시고, 하나님의 말씀을 자발적으로 지키게 하시며, 언약을 갱신시키시고, 언약적 복을 주실 때, 이스라엘 백성들이 어떻게 반응하는지 31절에 나옵니다.

그 때에 너희가 너희 악한 길과 너희 좋지 못한 행위를 기억하고 너희

---

13 또한, 헤르만 빗치우스가 그리스도께서 성부를 "나의 하나님"이라고 부르는 까닭은 구속언약 때문이라고 주장한 것을 상기할 수 있다. Herman Witsius, *The Economy of the Covenants between God and Man: Comprehending a Complete Body of Divinity*, trans. William Crookshank, revised and corrected. (London: T. Tegg & Son, 1837), 1:142. 토마스 굿윈도 역시 동일한 생각을 주장했다. Thomas Goodwin, *The Works of Thomas Goodwin*, ed. Robert Halley (Edinburgh: Nichols, 1863), 5:33. 이것은 언약의 기본 공식이 하나님은 언약당사자의 하나님이 되는 것이라는 성경의 여러 구절들(레 26:12, 렘 31:33, 겔 11:20 등)에 근거한 사상이다. "내 백성"이라는 표현도 언약 표현일 것이다.

모든 죄악과 가증한 일로 말미암아 스스로 밉게 보리라(겔 36:31)

자기 이름의 영광을 회복하시기 위하여 하나님께서 주도적으로 이스라엘 백성들을 회복시키실 때 그 놀라운 구원을 체험하는 이스라엘 백성들의 마음속에 일어나는 반응이 바로 회개입니다. 그들은 이전에 그들이 얼마나 악하게 살았는지 반성하게 됩니다. 이전에 얼마나 좋지 못한 행위들을 했는지 기억하게 됩니다. 이전에 행했던 모든 죄악과 가증한 일들을 떠올리면서 자신을 미워하고 증오하게 됩니다.

그때 비로소 이스라엘 백성들은 그들이 단 하나도 구원 받기에 합당한 행동을 한 적이 없으며 오히려 하나님의 영광을 회복하기 위한 하나님의 열심 때문에 그들이 구원 받았음을 깨닫게 됩니다. 32절처럼, 그들은 자신의 옛 생활을 부끄러워하며 한탄하게 됩니다.

주 여호와의 말씀이니라 내가 이렇게 행함은 너희를 위함이 아닌[14] 줄을 너희가 알리라 이스라엘 족속아 너희 행위로 말미암아 부끄러워하고 한탄할지어다(겔 36:32)

이것이 바로 회개입니다.

---

14 여기서 명사 문장을 통상적인 부정어 "엔"이 아닌 "로"로 부정하여 강조를 했다. Gesenius, *Hebrew Grammar*, #152d: 게제니우스, 『히브리어 문법』, 신윤수 옮김(서울: 비블리카 아카데미아, 2003), 714쪽.

웨스트민스터 소요리문답 87문답의 의미

사랑하는 여러분, 우리 역시 마찬가지입니다. 웨스트민스터 소요리문답 87문답이 가르치는 바가 그것입니다.

> 87답: 생명에 이르는 회개는 구원하는 은혜인데, 이로 말미암아 죄인이 자기 죄를 바로 알고 그리스도 안에서 하나님의 자비를 깨달아, 자기 죄를 슬퍼하고 미워함으로 죄에서 떠나 하나님께로 돌아가며, 새로운 순종을 목적으로 삼고 그것을 추구하는 것입니다.

회개란 죄인이 스스로의 힘으로 하나님께로 돌아가는 것이 아닙니다. 회개의 출발점은 하나님의 큰 일입니다. 하나님이 우리에게 먼저 은혜를 주십니다. 그때 우리는 자신의 죄를 알게 됩니다. 우리와 같이 몹쓸 죄인들에게 하나님의 자비가 그리스도 안에서 어떻게 주어졌는지 깨닫게 됩니다. 그럴 때 우리는 자기 죄를 슬퍼하고, 미워하고, 자기 욕망을 따라 살았던 삶을 증오하게 됩니다. 그 죄에서 떠나 하나님께로 돌아가며, 새로운 순종의 삶을 살아가게 됩니다.

우리의 죄악

십계명을 배울 때 우리가 깨닫게 되는 사실은 우리가 하나님의 이름을 더럽혔다는 것입니다. 우리는 십계명을 모두 범했습니다. 우리는 하나님 외에 다른 것을 섬겼습니다. 우리는 예배를 소홀히 했습니다. 우리는 하나님의 이름을 공허하게 불렀습니다. 우리와 우리의 자녀들은 주일 성수를 하지 못했습니다. 우리는 부모를 거역하였습니다. 우리는 형제자매와 이웃을 미워하였습니다. 우리는 다른 사람을 정죄했습니다. 우리는 다른 사람을 따돌리며, 당을 짓고 살았습니다. 우리는 배우자가 아닌 다른 사람에게 음란의 눈길을 보내었습니다. 우리는 악하고 음란한 이 세대에 동화되며 살았습니다. 우리는 돈을 사랑하여 다른 사람의 재산을 빼앗았고, 다른 사람의 생명과 재산을 지켜주지 못했습니다. 우리는 입술이 더러운 자들입니다. 거짓말했고, 모함했고, 무시했고, 비웃었습니다. 우리는 끝없는 탐심으로 죄를 짓고 또 지었습니다. 우리는 정욕에 빠져 허우적거리며 살았고 지금도 그렇게 살고 있습니다.

하나님의 행동

그런데 그런 우리에게 하나님은 어떤 행동을 하셨습니까? 하나님은 그 아들을 보내사 십자가에 달려 죽게 하심으로써, 우리의 모든 죄악을 처리하셨습니다. 고린도후서 5장 21절은 이렇게 말씀합니다.

하나님이 죄를 알지도 못하신 이를 우리를 대신하여 죄로 삼으신 것은
우리로 하여금 그 안에서 하나님의 의가 되게 하려 하심이라 (고후 5:21)

죄악 가운데 있는 우리를 구원하시기 위해 하나님은 십자가라는
방법을 택하셨습니다. 하나님은 자기 이름을 회복하기 위하여 독생자
를 이 땅에 보내셨고, 그는 고난 받고 수난 당하셨습니다. 사람들에게
멸시 당하고, 매 맞으시며, 배신당하셨습니다. 죄 없는 그 분이 증오와
저주의 십자가에 달리셨습니다.

　우리가 십자가에서 생각하는 것이 무엇입니까? 우리는 보통 십자
가에서 우리 같은 죄인을 구원하시는 하나님의 사랑과 타락한 죄인을
심판하시는 하나님의 공의를 생각합니다. 그것이 틀린 것은 아닙니다.
그러나 오늘 본문이 가르쳐 주는 바는, 십자가는 무엇보다도 하나님
영광의 회복을 위한 하나님의 열심이 나타난 자리라는 사실입니다.

나를 위함이 아닌, 하나님의 이름 회복을 위한 구원

생명에 이르게 하는 회개는 이렇게 하나님의 영광을 회복시키시는 하
나님의 구원 행동에서부터 시작합니다. 이것이 개혁주의 신앙의 핵심
입니다. 하나님께서 구원의 절대적인 주도권을 갖고 계신다는 사실입
니다. 오늘 에스겔서 본문이 그것을 가르치고 있습니다. 하나님께서

이스라엘 백성들을 포로에서 회복시키시고 그들에게 새 언약을 주신 것은 그들의 노력으로 된 것이 아니었습니다. 본문의 제일 처음과 끝에서 두 번이나 강조되고 있듯이 그것은 이스라엘 백성들 때문이 아니라 오직 하나님의 이름 때문에 하나님께서 하신 일입니다.

> 이스라엘 족속아 내가 이렇게 행함은 너희를 위함이 아니요 너희가 들어간 그 여러 나라에서 더럽힌 나의 거룩한 이름을 위함이라(겔 36:22)

구원은 일차적으로 나에게 달려 있는 것도 아니요, 심지어 나를 위한 것도 아닙니다. 구원은 다른 무엇보다 하나님의 이름, 그 거룩하신 이름의 회복과 관련된 일입니다.

생명에 이르는 회개의 원천

여기에서 우리는 생명에 이르는 회개의 원천이 무엇인지 알게 됩니다. 회개의 뿌리와 근거는 하나님의 이름의 회복을 위한 하나님의 열심에 있습니다. 그렇다면 누가 회개를 할 수 있습니까? 하나님의 영광을 위한 하나님의 열심을 깨닫는 자가 회개할 수 있습니다.

기독교에서 말하는 회개는 인간이 자기 힘으로 시도하는 어떤 윤리적 변화가 그 시작점이 아닙니다. 그것은 하나님께서 이 타락한 인류를 위해 특히 죄인 된 나를 위해 그 외아들 예수 그리스도를 보내주셨다는 충격적인 사랑에 대한 깨달음에서 나옵니다. 나 같이 부족하고 죄 많은 자를 하나님이 버리지 않으시고 여전히 붙들고 계시며, 나를 바꾸기 위해 지금도 일하고 계신다는 사실, 하나님의 영광을 위하여 나에게 그런 무조건적인 사랑을 베풀고 계신다는 사실에 대한 각성에서부터 회개가 나오는 것입니다. 그렇기에 많은 교회개혁자들과 청교도들은 회심이란 윤리적 사건이 아니라 영적인 사건이라고 하였습니다.[15] 회개 이후에 윤리적 행동이 수반되지만, 그것은 하나님의 영광을 회복하시는 하나님의 열심에 대한 반응이자 열매입니다.

회개하게 하시는 하나님

여러분은 생명에 이르는 회개를 경험하였습니까? 오직 생애적 회심을 경험한 사람만이 하나님 나라에 들어갈 수 있습니다. 왜냐하면 자기 영광을 위한 하나님의 열심을 끝까지 무시하는 자를 하나님은 결단코 가만 두지 않으시기 때문입니다.

---

15 조엘 비키, 마크 존스, 『청교도 신학의 모든 것』, 김귀탁 옮김(서울: 부흥과개혁사, 2015), 제 29장 (청교도의 거듭남의 교리).

생애적 회심을 이미 경험한 분들이라 할지라도 이 말씀을 듣고 자신의 죄가 생각난다면 주님 앞에 엎드려야 합니다. 주님의 성령을 보내주셔서 우리의 돌 같은 마음을 제하시고 살 같이 부드러운 마음을 주시도록 기도해야 합니다. 더 이상 주님을 거부하거나 무시하지 않고 주님과 주님의 말씀을 받아들이도록 기도해야 합니다.

이미 우리 가운데 행하시는 구원의 하나님을 바라보며 날마다 회개하면서 두렵고 떨림으로 구원을 이뤄가는 여러분들이 되시기를 간절히 기원합니다. 아멘.

그리스도 예수 안에

(고린도전서 1:30-31)

그리스도 예수 안에

30. 너희는 하나님으로부터 나서 그리스도 예수 안에 있고 예수는 하나님으로부터 나와서 우리에게 지혜와 의로움과 거룩함과 구원함이 되셨으니
31. 기록된 바 자랑하는 자는 주 안에서 자랑하라 함과 같게 하려 함이라

(고린도전서 1:30-31)

고린도교회와 사도 바울

고린도교회는 신약성경에 나오는 교회들 가운데 가장 문제가 심각하면서도 동시에 사도 바울이 애정을 가장 많이 쏟은 교회였습니다. 사도는 선교여행 가운데 고린도를 세 번이나 방문했습니다. 에베소를 제외하고 사도가 제일 오래 머문 선교지가 고린도였습니다. 사도는 2차 선교 여행 중에 처음으로 고린도를 방문했습니다(주후 51년경). 첫 방문에서 그는 무려 1년 6개월을 머물면서 복음을 전하고 가르치며 교회를 세웠습니다(행 18:1-18).

그렇게 애정을 가지고 개척했던 고린도교회는 사도가 떠난 이후 수많은 문제에 휩싸였습니다. 분파주의, 성(性) 문제, 성도 간 소송 문제, 결혼과 우상 제물에 대한 질문, 은사 사용에 대한 문제, 부활에 대한 부족한 이해 등등. 고린도교회는 온 몸에 만신창이가 된 사람처럼 곪지 않은 곳이 없을 정도였습니다.

사도는 그것을 해결하기 위해서 편지를 썼습니다(소실된 편지와 고린도전서). 하지만 그것도 부족하다 느꼈는지 그는 근심 중에 고린도교회를 직접 방문했습니다(고후 2:1). 후에 고린도를 나온 뒤에도 다시 "눈물의 편지"를 써서 디도 편으로 보냈습니다(고후 2:2-4, 9; 7:8, 12). 마침내 사도는 고린도교회가 회복되었다는 기쁜 소식을 디도에게서 듣게 되었고, 고린도로 가는 도중에 편지를 보냈는데, 그것이 바로 고린도후서입니다.

고전 중에 고전

이처럼 고린도교회는 다양한 문제를 안고 있었기에 고린도전·후서를 읽으면 교회에 적실한 교훈을 많이 얻을 수 있습니다. 그래서 저는 고린도전·후서를 교회를 위한 "종합병원"이라고 부릅니다. 교회가 가진 다양한 질병을 치료할 수 있는 병원과 같기 때문입니다. 특별히 고린도전서를 저는 "고전 중에 고전"이라고 부르는데, 고린도전서를 줄여서 쓰면 "고전"이 되기 때문입니다. "고전 중의 고전"의 가장 핵심 메시지가 바로 오늘 본문입니다.

> 너희는 하나님으로부터 나서 그리스도 예수 안에 있고, 예수는 하나님으로부터 나와서 우리에게 지혜와 의로움과 거룩함과 구원함이 되셨으니, 기록된 바 자랑하는 자는 주 안에서 자랑하라 함과 같게 하려 함이라(고전 1:30-31)

구원의 근거와 이유는 하나님

먼저 생각해 볼 것은 "너희는 하나님으로부터 나서 그리스도 예수 안에 있고"라는 말씀입니다. "너희는 하나님으로부터 나서"라는 말은

"이 모든 것이 하나님 덕분이다."라는 뜻입니다.[1] 즉, 30절은 "너희가 그리스도 예수 안에 있는 것은 하나님 덕분이다."라고 번역할 수 있습니다.

고린도전서 1장 26절부터 28절을 함께 보겠습니다.

형제들아 너희를 부르심을 보라 육체를 따라 지혜로운 자가 많지 아니하며 능한 자가 많지 아니하며 문벌 좋은 자가 많지 아니하도다 그러나 하나님께서 세상의 미련한 것들을 택하사 지혜 있는 자들을 부끄럽게 하려 하시고 세상의 약한 것들을 택하사 강한 것들을 부끄럽게 하려 하시며 하나님께서 세상의 천한 것들과 멸시 받는 것들과 없는 것들을 택하사 있는 것들을 폐하려 하시나니(고전 1:26-28)

고린도교회 성도들은 인간적인 관점에서 볼 때 대단한 사람들이 아니었습니다. 그들은 지혜롭지 못했으며, 가문이 형편없었으며, 미련한 자들이었고, 약한 자들이었고, 천한 자들과 멸시 받는 자들이었습니다. 하지만 하나님은 그들을 택하셔서 하나님의 귀한 자녀가 되게 하셨습니다. 이러한 대역전은 인간적인 노력의 결과가 아니었습니다.

---

1   Max Zerwick and Mary Grosvenor, *A Grammatical Analysis of the Greek New Testament* (Rome: Biblical Institute Press, 1974), 500(고전 1:30에 대한 문법 설명).

오직 하나님의 주권에 의한 것이었습니다. 하나님의 주도적인 은혜가 없었다면 그들은 이 세상에서 무가치한 것으로 남아 있었을 것입니다.[2]

여러분은 어떠십니까? 우리 모두는 하나님 때문에 인생에 대역전이 일어난 사람들입니다. 저는 종종 '하나님이 아니었다면 내 인생은 어떻게 됐을까?'하고 생각해 봅니다. '나는 예수님 아니었다면 지금 살아있기나 할까?'하는 생각도 해 봅니다. 하나님은 이처럼 큰 은혜를 베푸셔서 우리를 하나님의 자녀가 되게 하셨습니다. 하나님의 택하심의 유일한 근거와 이유는 오직 하나님 자신입니다.[3] 우리가 잘 나서 구원 받은 것이 아닙니다. 오직 하나님의 거룩한 사랑과 은혜 때문에 우리는 구원 받았습니다.

"그리스도 예수 안에"의 의미

하나님께서 베푸신 주도적인 은혜의 구체적인 결과를 사도는 "그리스

---

2   티슬턴, 『고린도전서』, 93.

3   Garland, *1 Corinthians*, 79: "'ex autou'(그로부터)라는 문구는 ... 그리스도 안에 있는 그들의 존재의 근원과 이유 모두를 표현한다."

도 예수 안에 있는 것"이라고 말합니다. 인간이 누릴 수 있는 복 중에 가장 큰 복은 그리스도 예수 안에 있는 것입니다. 그것은 오직 택하심을 받은 자들만이 누릴 수 있는 복입니다.

그렇다면 그리스도 예수 안에 있는 것이란 무엇일까요?[4] 그것은 다름 아닌 그리스도와의 신비한 연합입니다. 우리의 마음과 그리스도의 마음이 이어져 있다는 뜻입니다. 아니 그보다 더 놀랍게도 사도는 우리의 생명이 그리스도와 함께 연결되어 있다고 합니다.

이는 너희가 죽었고 너희 생명이 그리스도와 함께 하나님 안에 감추어 졌음이라(골 3:3)

그러한 연합을 누리는 사람은 하나님의 나라에 이미 들어온 사람입니다. 그리고 영원한 천국을 약속 받은 사람입니다. 그렇기 때문에 그리스도 예수 안에 있는 사람은 말할 수 없는 큰 기쁨을 누리며 삽니다. 이제는 내가 사는 것이 아니라, 그리스도께서 사십니다.

내가 그리스도와 함께 십자가에 못 박혔나니 그런즉 이제는 내가 사는

---

4   Thiselton, *The First Epistle to the Corinthians*, 189에서는 세 가지 차원을 제시한다: (1) 신비적 혹은 심리적 측면에서의 연합(Deissmann); (2) 하나님의 재창조에 참여하는 종말론적 구원(Weiss, Schweitzer); (3) 구원이 주는 말할 수 없이 큰 기쁨(Davies, Wikenhauser, Tannehill).

것이 아니요 오직 내 안에 그리스도께서 사시는 것이라 이제 내가 육체
가운데 사는 것은 나를 사랑하사 나를 위하여 자기 자신을 버리신 하
나님의 아들을 믿는 믿음 안에서 사는 것이라(갈 2:20)

사랑하는 성도 여러분, 여러분은 그리스도 예수 안에 있습니까? 여
러분의 생명이 더 이상 여러분의 것이 아니라, 예수 그리스도와 연결되
어 있음을 믿으십니까? 그렇다면 여러분은 너무나 복된 사람입니다.

우리의 지혜가 되시는 그리스도

두 번째로 생각해 볼 것은, "예수는 하나님으로부터 나와서 우리에게
지혜와 의로움과 거룩함과 구원함이 되셨다"는 말씀입니다. 이 말씀
은 하나님의 은혜 때문에 그리스도 예수 안에 있는 사람은 예수 그리
스도께서 지혜와 의로움과 거룩함과 구원함이 되시는 복을 누린다고
합니다.

　그리스도는 우리의 지혜가 되셨습니다. 고린도전서에는 유난히 "지
혜"라는 단어가 많이 나옵니다. 고린도전서에서 말하는 지혜는 세상
의 철학자들과 통치자들과 수사학자들의 지혜를 가리킵니다(고전 2:1,
6, 13). 사도는 자신이 그런 지혜를 가지고 복음을 전하려 하지 않았다
고 말합니다. 사도는 오히려 하나님의 지혜를 전파했습니다.

그러나 우리가 온전한 자들 중에서는 지혜를 말하노니 이는 이 세상의 지혜가 아니요 또 이 세상에서 없어질 통치자들의 지혜도 아니요 오직 은밀한 가운데 있는 하나님의 지혜를 말하는 것으로서 곧 감추어졌던 것인데 하나님이 우리의 영광을 위하여 만세 전에 미리 정하신 것이라(고전 2:6-7)

하나님의 지혜는 바로 예수 그리스도이십니다. 그리스도께서 하나님의 지혜가 되시는 까닭은 태초에 하나님은 그리스도를 통하여 이 세상을 지으셨기 때문입니다.[5] 그렇기에 우리가 그리스도를 닮아갈수록 그만큼 하나님의 뜻대로 이 세상을 지혜롭게 살아가게 됩니다.

그리스도는 우리의 의로움이 되셨습니다. 우리는 본질상 의롭지 않습니다. 우리는 죄인입니다. 그러나 우리를 대신하여 그리스도께서 십자가에서 죽으셨고, 그분을 믿는 자는 자신의 의를 덧입도록 하셨습니다.[6] 여러분, 우리가 하나님 앞에서 내밀 수 있는 의가 과연 있습니까?

---

5 (골 1:13-17) 그가 우리를 흑암의 권세에서 건져내사 그의 사랑의 아들의 나라로 옮기셨으니 그 아들 안에서 우리가 속량 곧 죄 사함을 얻었도다 그는 보이지 아니하는 하나님의 형상이시요 모든 피조물보다 먼저 나신 이시니 만물이 그에게서 창조되되 하늘과 땅에서 보이는 것들과 보이지 않는 것들과 혹은 왕권들이나 주권들이나 통치자들이나 권세들이나 만물이 다 그로 말미암고 그를 위하여 창조되었고 또한 그가 만물보다 먼저 계시고 만물이 그 안에 함께 섰느니라

6 참조. (벧후 1:1) 예수 그리스도의 종이며 사도인 시몬 베드로는 우리 하나님과 구주 예수 그리스도의 의를 힘입어 동일하게 보배로운 믿음을 우리와 함께 받은 자들에게 편지하노니; (갈 3:27) 누구든지 그리스도와 합하기 위하여 세례를 받은 자는 그리스도로 옷 입었느니라

종교개혁자들이 말하듯이 우리의 의는 아무리 깨끗해도 오점 투성이입니다. 따라서 현재든 미래든 우리가 하나님 앞에 설 때 필요한 의는 우리의 허접한 의가 아니라, 예수 그리스도의 완벽한 의입니다.[7]

그리스도는 우리의 거룩함이 되셨습니다. 성도는 거룩하게 살아야 합니다. 성화의 길을 걸어가는 것은 성도의 의무입니다. 어떻게 하면 그 길을 올곧게 걸어갈 수 있습니까? 오직 예수 그리스도를 닮아감으로 그렇게 할 수 있습니다. 믿음 가운데 그리스도의 온전한 의를 옷 입은 사람은, 동일한 믿음 가운데 그리스도의 거룩을 나타내고자 합니다. 거룩한 삶은 구원의 필수적 조건이라기보다는, 구원의 필연적 결과입니다. 그래서 존 파이퍼 목사님은 참되게 그리스도를 믿는 성도는 당연히 참되게 그리스도를 드러내게 되어 있다고 말했습니다. 이미 그리스도와 연합한 우리는 거룩한 자들, 성도(聖徒)입니다.[8] 그렇기에 우

---

7   티슬턴은 칭의론이 다만 "반유대주의적 맥락"에서만 사용된 것이라는 주장을 거부한다. 오히려 바렛트의 주장처럼 하나님께서 피조물들을 다루시는 근본적인 원칙이라고 본다. Thiselton, *The First Epistle to the Corinthians*, 193: "우리는 바울이 은혜에 의한 칭의를 다만 로마서와 갈라디아서의 더 명백한 "반유대적" 혹은 "유대주의적" 맥락에서만 강조했다는 주장을 거부한다. 사려 깊은 논문에서 바렛트(Barrett)는 케제만-슈텐달(Kasemann-Stendahl) 토론의 맥락에서 칭의에 대한 이러한 주제들을 조심스럽게 비교한다. 그리하여 그는 비록 칭의론이 바울과 루터를 동일시하는 것과 같은 탈맥락화될 위험성이 있기는 하지만, 그럼에도 불구하고 '믿음으로 의롭게 된다는 것은 하나님께서 피조물을 다루시는 근본적인 원칙이며, 다만 바울의 이야기나 루터의 이야기에서 다른 방식으로 작동되었을 뿐이다.'라고 주장한다."

8   존 머레이는 이것을 "결정적 성화"라고 하였다. 박재은, 『성화, 균형을 말하다』(서울: 부흥과개혁사, 2017), 제3장 참조.

리는 그 이름에 걸맞게 살아야 합니다.

그리스도는 우리의 구원함이 되셨습니다. 여기서 구원함이란 "구속함"을 뜻합니다.[9] "구속"이란 값을 주고 노예를 사는 것입니다. 그리스도께서는 자신의 거룩한 보혈로 값을 지불하심으로써, 죄와 사탄의 권세 하에 있던 우리를 값으로 사셨습니다. 이제 우리는 해방되었고 자유를 얻었습니다. 그렇기에 우리는 아우구스티누스의 말처럼 죄를 안 지을 수 있는 자유를 누리며 삽니다. 이전에는 죄를 안 지을 수 없었지만, 이제는 죄를 극복할 수 있게 된 것입니다.

그리스도처럼 살게 만드시겠다는 하나님의 결정

마지막으로 하나 기억해야 할 것은 "되었다"라는 동사(에게네테)의 시제(시상)입니다.[10] 그 시제는 "단순과거(아오리스트)"라고 하는데, 어떤 사건이 단회적으로 한 번 일어나서 결정적으로 끝나버린 것을 뜻할 때 사용하는 시제입니다. 여기에 기술된 모든 내용은 하나님의 관점에서 이미 다 결정되어 끝났다는 것입니다.

9　개역개정판 이전의 개역한글판 성경에서는 "구속함"이라고 보다 올바르게 번역한다.

10　헬라어 동사는 시제(時制)보다는 시상(時相: aspect)이라고 하는 것이 더 좋다.

예수님은 하나님으로부터 나와서 우리에게 지혜가 되셨고, 의로움이 되셨고, 거룩함이 되셨으며, 구속함이 되셨습니다. 하나님은 우리를 이처럼 그리스도와 꽁꽁 묶어놓으셨습니다. 그래서 구원이란 너무나 확실하고 흔들릴 수 없는 것입니다.

이제 우리는 어떻게 살아야 할까요? 첫째로 우리는 감사와 확신 가운데 살아가야 합니다. 때때로 죄를 지을 때 이러한 감사와 확신이 흔들릴 수 있지만 우리는 다시금 말씀과 기도 가운데 그것을 회복해야 합니다. 둘째로 우리는 온전한 삶의 실천으로 나아가야 합니다. 예수님이 우리에게 이미 지혜와 의로움과 거룩함과 구원함이 되셨다는 것을 아는 사람은 영적으로 게으르거나 방만한 삶을 살 수가 없습니다. 우리는 예수님 안에서 참 사람이 어떤 사람인지를 이미 봐 버렸습니다.[11] 참된 것이 무엇인지 아는 사람이 거짓 것에 빠져서 살아갈 수는 없습니다.

사랑하는 성도 여러분, 예수님이 우리 여러분에게 지혜와 의로움과 거룩함과 구원함이 되셨습니다. 그렇기에 우리는 예수님 안에서 지

---

11 그리스도가 "참된 사람"이라는 것에 대해서는 아래 문헌들을 보라. 〈칼케돈 신경〉; Karl Barth, *Church Dogmatics*, 3/2, § 44, 55-202쪽, "(3) Real Man," 특히 132-52쪽과 153-202쪽도 참조; J. Moltmann, *The Way of Jesus Christ* (London: SCM, 1990); J. D. G. Dunn, *Romans*, WBC (Dallas: Word, 1988), 1:324. 이상 Thiselton, *The First Epistle to the Corinthians*, 191-92n246 에서 재인용.

혜와 의로움과 거룩함과 구원함을 누리면서 살아가야 합니다.

주를 자랑하는 삶

오늘 세번째로 생각해 볼 것은, 이렇게 놀라운 하나님의 구원을 "그리스도 예수 안"에서 누리는 사람들이 어떤 자세로 살 것인가 하는 문제입니다. 오늘 본문 31절을 다시 읽어보겠습니다.

> 기록된 바 자랑하는 자는 주 안에서 자랑하라 함과 같게 하려 함이라
> (고전 1:31)

이 말씀은 예레미야 9장 23-24절과 유사합니다.

> 여호와께서 이와 같이 말씀하시되 지혜로운 자는 그의 지혜를 자랑하지 말라 용사는 그의 용맹을 자랑하지 말라 부자는 그의 부함을 자랑하지 말라 자랑하는 자는 이것으로 자랑할지니 곧 명철하여 나를 아는 것과 나 여호와는 사랑과 정의와 공의를 땅에 행하는 자인 줄 깨닫는 것이라 나는 이 일을 기뻐하노라 여호와의 말씀이니라(렘 9:23-24)

여기서 사도가 "자랑하는 자는 주 안에서 자랑하라"고 하는 말을 주 안에서라면 자기의 돈이나 실력이나 외모를 자랑해도 된다고 착각

하는 분이 계실지도 모르겠습니다. 하지만 사도의 의도는 그런 것이 전혀 아닙니다.

헬라어에서 "~ 안에서 자랑하다"라는 것은 "~을 자랑하다"라는 말과 같습니다.[12] 따라서 사도의 말은 "자랑하는 자는 주를 자랑하라."라고 해석하는 것이 더 좋습니다.

루터의 자기 부인

인간은 본성상 자기 자랑을 좋아합니다. 모든 인간은 은근히 자기를 우상으로 숭배합니다. 그러나 사도는 하나님의 큰 은혜를 받아 그리스도 예수 안에 있는 사람은 결코 그렇게 살 수 없다고 말합니다.

저도 스스로 대단하다고 착각하며 살 때가 가끔 있습니다. 그래서 요즘 저희 어머니는 저에게 자주 "너는 아무것도 할 줄 모르는 애벌레와 같다. 그러니 겸손해야 한다."라고 말씀합니다. 제가 그 말을 처음 들었을 때는 기분이 썩 좋지만은 않았는데, 이제는 "아멘"으로 받습니

---

12 김세윤 교수의 고린도전서 강해에서 들은 내용이다. 헬라어 사전 BDAG의 "καυχάομαι"에 서도 확인했다. William Arndt, Frederick W. Danker, and Walter Bauer, *A Greek-English Lexicon of the New Testament and Other Early Christian Literature* (Chicago: University of Chicago Press, 2000), 536.

다. 그렇게 저 스스로를 애벌레라고 하니까, 저에게 신학석사 과정을 지도 받으신 어떤 분은 "교수님이 애벌레면, 저는 애벌레 털입니다."라고 말하기도 했습니다.

저는 루터에 대한 전기를 읽으며 저희 어머니께서 저에게 붙여주신 애벌레라는 별명이 상당히 괜찮은 별명이라는 사실을 또 한번 깨닫게 되었습니다. 루터는 자신을 따르는 사람들을 가리켜 루터파라고 부르자 화가 나서 이렇게 말했습니다.

> "내 이름은 숨겨 주십시오. 그들을 루터파라고 부르지 말고 그냥 그리스도인이라고 부르십시오. 도대체 루터가 무엇입니까? ...(중략)... 저는 그 누구를 위해서도 십자가에 못 박히지 않았습니다. 저는 다만 더러운 구더기 부대 자루와 같을 뿐입니다. ...(중략)... 우리에게 유일한 주인은 오직 그리스도 한 분 밖에 없습니다."[13]

이 글을 읽고, "더러운 구더기가 가득 담긴 부대 자루"보다는 그래도 "애벌레"가 귀엽고 괜찮은 표현 같다는 생각이 들면서도 한편으로는 겸손하라는 어머니의 말씀을 되새겼습니다.

---

[13] 헤르만 셀더하위스, 『루터, 루터를 말하다』, 신호섭 옮김 (서울: 세움북스, 2016), 26-27에서 각색하여 인용함.

은혜를 회복하기 위하여

사랑하는 여러분, 우리가 설교를 들어도 감동이 없는 이유가 무엇일까? 날이 갈수록 우리의 기도는 왜 메말라 가기만 하는 걸까요? 왜 우리의 교회 생활은 그토록 피곤하기만 하고 재미가 없을까요? 그 이유는 주님만 자랑하면서 살지 않기 때문입니다. 자기 잘난 맛에 살고, 자기가 대단하다고 생각하며 살아가기 때문입니다.

자신이 얼마나 못난 인간이며, 얼마나 지독한 죄인이며, 얼마나 하나님 앞에서 무가치한 자인지 아는 사람, 그런 우리를 아들의 희생으로 구원해 주셔서 그 아들과 연합시키신 하나님의 은혜를 아는 사람은 찬송을 해도, 기도를 해도, 길을 걸어도 감동이 밀려옵니다. 그 사람의 입에는 "나 같은 죄인 살리신 주 은혜 놀라워"라는 고백이 늘 붙어 있기 때문입니다. 자신은 완전히 죽어 사라지고, 오직 예수 그리스도만을 자랑하면서 살기 때문입니다.

사랑하는 성도 여러분, 이제 하나님께서 주신 삶을 삽시다. 오직 그리스도 예수 안에서 삽시다. 나는 죽고 오직 그리스도만을 자랑하는 삶을 살아갑시다. 그리하여 일평생 하나님께 영광을 돌리고 생명을 살리고 그리스도의 풍성한 은혜와 사랑을 나누며 사시기를 마음 다해 바랍니다. 아멘.

Doctrinal Sermon

11

거룩하신 소명으로 부르심

(디모데후서 1:6-10)

거룩하신 소명으로 부르심

6. 그러므로 내가 나의 안수함으로 네 속에 있는 하나님의 은사
   를 다시 불일듯 하게 하기 위하여 너로 생각하게 하노니
7. 하나님이 우리에게 주신 것은 두려워하는 마음이 아니요 오직
   능력과 사랑과 절제하는 마음이니
8. 그러므로 너는 내가 우리 주를 증언함과 또는 주를 위하여 갇
   힌 자 된 나를 부끄러워하지 말고 오직 하나님의 능력을 따라
   복음과 함께 고난을 받으라
9. 하나님이 우리를 구원하사 거룩하신 소명으로 부르심은 우리
   의 행위대로 하심이 아니요 오직 자기의 뜻과 영원 전부터 그리
   스도 예수 안에서 우리에게 주신 은혜대로 하심이라
10. 이제는 우리 구주 그리스도 예수의 나타나심으로 말미암아 나
    타났으니 그는 사망을 폐하시고 복음으로써 생명과 썩지 아니
    할 것을 드러내신지라

(디모데후서 1:6-10)

디모데후서 서론

디모데후서는 목회서신인데, 저는 이 서신을 청년서신이라고 부릅니다.[1] 사도 바울이 청년 목회자 디모데에게 보낸 편지이기 때문입니다.[2] 이 서신서는 목회자에게 필요한 내용도 많이 담고 있지만, 크리스천

---

1 디모데후서 주석은 아래의 주석들이 좋다. George W. Knight, *The Pastoral Epistles: A Commentary on the Greek Text*, New International Greek Testament Commentary (Grand Rapids, MI: Eerdmans, 1992). 이 주석은 단어 설명이 잘 되어 있다. John R. W. Stott, *Guard the Gospel the Message of 2 Timothy*, The Bible Speaks Today (Downers Grove, IL: InterVarsity Press, 1973)=존 스토트, 『디모데후서 강해-BST 시리즈』, 정옥배 옮김(서울: IVP, 2008). 스토트의 강해는 각 구절의 의미뿐 아니라, 전체적인 맥락을 잘 잡을 수 있도록 도와주고 있다. 매우 훌륭하다. Donald Guthrie, *Pastoral Epistles: An Introduction and Commentary*, vol. 14, Tyndale New Testament Commentaries (Downers Grove, IL: InterVarsity Press, 1990)=도날드 구쓰리, 『디모데후서 주석』, 양용의 옮김(서울: CLC, 1982)도 역시 설교에 도움이 되도록 내용과 헬라어 어휘를 적절하게 주석하고 있다. 하지만 때로는 중요한 부분에서 학자들의 견해만 소개할 뿐, 자신의 입장을 밝히지 않는 흠이 있다. 교부 주석으로는 아래를 보라. 그 외에도 아래의 주석들이 좋은 주석들이다. Peter Gorday, ed., *Colossians, 1-2 Thessalonians, 1-2 Timothy, Titus, Philemon*, Ancient Christian Commentary on Scripture (Downers Grove, IL: InterVarsity Press, 2000). William D. Mounce, *Pastoral Epistles*, vol. 46, Word Biblical Commentary (Dallas: Word, Incorporated, 2000); Philip H. Towner, *The Letters to Timothy and Titus*, The New International Commentary on the New Testament (Grand Rapids, MI: Wm. B. Eerdmans Publishing Co., 2006); Gordon D. Fee, 1 and 2 Timothy, Titus, *Understanding the Bible Commentary Series* (Grand Rapids, MI: Baker Books, 2011). I. Howard Marshall and Philip H. Towner, *A Critical and Exegetical Commentary on the Pastoral Epistles*, International Critical Commentary (London; New York: T&T Clark International, 2004).

2 디모데는 "연소한 사람"이었다(딤전 4:12; 딤후 2:22). 그 외에 디모데에 대한 설명은 헨드릭슨, 『성경주석-목회서신』, 나용화 옮김(서울: 아가페, 1983), 304쪽 참조.

청년들이 어떻게 살아야 하는지도 잘 가르쳐 줍니다.

　바울은 순교 당하기 직전, 그러니까 주후 65년경이나 66년경에 이 편지를 쓴 것으로 추정됩니다.[3] 그때 바울은 로마의 감옥에 있었습니다. 당시의 감옥은 감금당한 사람의 신분이나 죄질에 따라 다양한 차이가 있었습니다. 바울은 네로의 박해가 한창 진행 중일 때 붙잡혔습니다(주후 64년경).[4] 그의 상황은 매우 좋지 않았습니다. 순교를 기다리면서 바울은 아들과 같은 디모데에게 편지를 쓴 것입니다(딤후 4:6-8).[5] 그

3　저자 문제는 복잡하다. 많은 현대 학자들이 디모데후서의 문체가 다른 바울 서신들과 너무 다르고, 그 안의 가르침도 다른 부분이 있으므로, 디모데후서를 바울의 것으로 보지 않는다. 그들 중에 어떤 이들은 바울이 아닌 사람이 단지 바울의 이름을 따와서 이 편지를 썼다고 한다. 이것을 위작설(僞作說: pseudonymity)이라 한다. 그러나 마샬의 경우에는 바울이 쓴 노트들을 바울의 제자가 편집한 것으로 보고자 한다. 그는 자신의 가설을 타인명의설(他人名義說; allonymity)라고 부른다(I. H. Marshall, *The Pastoral Epistles*, ICC [Edinburgh: T. and T. Clark], 1999, 83-84). 필립 타우너도 타인명의설에 우호적이다. Towner, *The Letters to Timothy and Titus*, 25-26. 이 견해에 대해서는 J. D. G. Dunn, *DLNTD*, 977-84; Easton, 21; P. N. Harrison, *The Problem of the Pastoral Epistles* (Oxford: Oxford University Press, 1921)을 보라(Towner, 앞 책, 25n61에서 재인용). Knight, *The Pastoral Epistles*, 4-6쪽에서는 바울 저작설이 19세기까지 거의 대부분 성경학자들의 견해였다고 주장하며, 그 근거들을 서신 내적, 외적으로 제시한다. 스토트 역시 스토트, 『디모데후서 강해』, 15-17쪽에서 전통적 견해를 부정하려는 견해들을 조목조목 반박하고 있다. 나는 전통적인 입장, 즉 바울이 이 서신을 썼다고 보는 나이트와 스토트의 견해에 동의한다. 그것을 의심할 이유가 매우 불충분하기 때문이다. 문체의 변화에 대해서는 "위대한 사람들은 자기 자신의 말조차 흉내 내지 않는다."는 심슨의 말을 기억하는 것이 좋겠다(E . K. Simpson, *The Pastoral Epistles* [Tyndale Press, 1954], 15; 스토트, 16에서 재인용).

4　스토트, 『디모데후서 강해』, 19.

5　스토트, 『디모데후서 강해』, 20: "바울의 동료들 중 디모데는 유일무이한 존재였다."

러니 얼마나 절절하게 귀한 메시지를 전하고 있겠습니까?

구원 받은 사람은 곧 소명자

> 하나님이 우리를 구원하사 거룩하신 소명으로 부르심은 우리의 행위
> 대로 하심이 아니요 오직 자기의 뜻과 영원 전부터 그리스도 예수 안에
> 서 우리에게 주신 은혜대로 하심이라 이제는 우리 구주 그리스도 예수
> 의 나타나심으로 말미암아 나타났으니 그는 사망을 폐하시고 복음으
> 로써 생명과 썩지 아니할 것을 드러내신지라(딤후 1:9-10)

9절과 10절은 하나의 찬송시입니다.[6] 9절에서 사도는 하나님께서
우리에게 구원과 소명을 주셨다고 합니다. 하나님은 죄와 사망의 권
세 아래 종노릇 하던 우리를 이끌어 내어 영원히 썩지 않는 생명을 허
락하셨습니다. 이것이 구원입니다. 이 구원은 우리의 행위대로 하심이
아니요, 하나님의 뜻에 따라, 은혜대로 하신 일입니다. 하나님의 은혜

---

6 어떤 학자는 이 찬송시가 당시 교회에 이미 알려져 있었다고 하나 알 수는 없다. 이미 교회에
   서 불렸던 찬송시라고 할지라도, 바울은 그 내용을 자신의 메시지에 맞게 수정해서 제시하고
   있는 것이 분명하다. Guthrie, *Pastoral Epistles*, 146(=구쓰리, 『디모데후서 주석』, 189). 이 찬송시
   를 헬라어로 보면, 하나님에 대한 분사에서 시작해서, 그리스도에 대한 분사로 끝이 난다는
   것을 분명하게 알 수 있다. 삼위일체적인 구성이라고 볼 수 있다. 매우 아름답게 조직되어 있다.

외에는 다른 어떤 것도 구원의 이유가 될 수 없습니다.[7] 하나님이 어떤 조건을 걸기 시작하면 그 누구도 그 조건을 만족시킬 수가 없기 때문입니다.

그런데 우리가 기억해야 할 것은 구원 받은 사람은 반드시 소명을 함께 받는다는 사실입니다. 구원은 거저 받는 것입니다. 하나님은 구원을 주실 때 은혜 외에 다른 근거를 두지 않으셨습니다. 하지만 거저 받은 구원이라 해서 아무런 목표 없이 주시는 것은 아닙니다. 사도는 "하나님이 우리를 구원하사"라는 말씀 다음에 "거룩하신 소명으로 부르셨다"는 말씀을 바로 덧붙이고 있습니다. 지금까지 한국 교회는 구원을 너무 단편적으로만 이해했습니다. 단지 예수님 믿고 천국 가는 정도로만 생각했다는 것입니다. 하지만 구원은 반드시 목적이 있습니다. 구원은 "~으로부터의 구원"이기도 하지만, "~을 향한 구원"이기도 하기 때문입니다. 죄와 사망으로부터 건짐 받은 우리는 이제 거룩하신 소명을 목표로 삼고 나아가야 합니다. 구원과 소명 사이에는 밀접한 관계가 있습니다. 구원의 목적은 소명을 이루는 데 있습니다.[8]

---

7 (딛 3:5) 이 사실이 아래 구절에도 강조되고 있다. 우리를 구원하시되 우리가 행한 바 의로운 행위로 말미암지 아니하고 오직 그의 긍휼하심을 따라 중생의 씻음과 성령의 새롭게 하심으로 하셨나니

8 Guthrie, *Pastoral Epistles*, 146(=구쓰리, 『디모데후서 주석』, 190).

거룩하신 소명을 받은 소명자

소명이란 하나님의 부르심을 뜻합니다. 성경에서 소명이란 말이 때로는 구원과 같은 의미로 사용되기도 합니다. 하지만 때로는 구원 받은 자의 삶의 목표를 가리키기도 합니다.

사도는 구원 받은 자의 삶의 목표를 "거룩하신 소명"이라고 합니다. 이를 "거룩함을 추구하는 소명"이라고 번역할 수도 있습니다. 즉 소명이란 거룩한 삶을 사는 것입니다.

우리는 보통 거룩을 어떤 도덕적인 탁월함이라고 생각하지만, 성경에서 거룩이란 하나님께로 점점 더 나아가는 것을 뜻합니다. 이를 위해 우리는 점점 더 세상적인 것, 악한 것으로부터 구분되어야 합니다.

구원 받았다면, 거룩하신 소명을 따라 나아가야 합니다. 목적이 거기에 있기 때문입니다. 우리 각자가 삶의 자리에서 받은 소명은 모두 다 다릅니다. 어떻게 세상과 구별되어 하나님을 닮아갈까 하는 모습이 다르기 때문입니다. 기도가 소명인 분도, 각자 다른 기도의 내용과 목적이 있습니다. 따라서 우리는 우리에게 주어진 고유한 소명을 찾아야 합니다. 하나님은 그 소명을 주시기 위해 우리를 구원하셨습니다.

교회도 마찬가지입니다. 이 땅에 수많은 교회가 있지만, 각 교회마다 가진 소명도 다 다릅니다. 그렇기에 하나님께서 이 땅에 많은 교회들을 두신 것입니다. 우리는 그 소명을 찾아야 합니다. 그 과정은 시간이 많이 걸릴 수 있습니다. 그렇다고 해서 소명을 무시하면 우리는 구약 시대 사울처럼 소명을 낭비하게 될 것입니다. 우리는 각자에게 주신 소명, 우리 교회에만 독특하게 주신 소명을 찾기 위해 고민하고 기도하고, 지혜를 구하고, 책을 읽고, 대화를 해야 합니다. 그러면 하나님께서 그 소명을 알려주십니다. 그렇게 알려주신 소명을 향해 매진하는 삶, 그것이 바로 소명자(召命者)의 삶입니다.

은사에 불을 붙이는 소명자

6절부터 바울은 소명자의 삶의 모습을 구체적으로 하나씩 알려줍니다. 먼저 사도는 "그러므로 내가 나의 안수함으로 네 속에 있는 하나님의 은사를 다시 불일듯 하게 하기 위하여 너로 생각하게 하노니(딤후 1:6)"라고 합니다. 소명자는 은사에 불을 붙이며 산다는 것입니다.

성경에서 말하는 은사란 교회를 세우고 사명을 이루기 위해 하나님께서 특별하게 주신 선물을 뜻합니다. 디모데는 목사로 임직 받을 때 사도의 안수를 통해 이 은사를 받은 것 같습니다. 그리스도의 사역자가 되기 위한 권위와 능력을 하나님으로부터 받은 것입니다.[9] 문제

---

9 스토트, 『디모데후서 강해』, 33-34.

는 그 은사가 점점 사그라졌다는 데 있습니다. 그래서 사도는 하나님의 은사를 불 일 듯 하게 하기 위해 하나님의 말씀을 기억나게 하고 있습니다.

우리는 소명자입니다. 소명자는 하나님이 주신 은사로 그 소명을 감당하게 됩니다. 하지만 은사를 받았다 하더라도 사용하지 않으면 그 은사가 약해질 수 있습니다. 은사를 받은 사람은 그 은사를 계속 사용해야 합니다. 교회를 세우기 위해, 세상에서 소명을 감당하기 위해, 우리가 받은 은사를 사용할 때 누구보다 가장 큰 유익을 얻는 사람은 바로 우리 자신입니다. 하나님은 은사를 사용하는 자에게 더 큰 은혜를 주시기 때문입니다.

여러분 각자도 하나님께 받은 은사가 있습니다. 구원을 받았다면 소명을 찾으십시오. 소명받은 자라면, 은사를 구하십시오. 그 은사를 주님을 위해, 주님의 나라를 위해, 주님의 몸 된 교회를 위해 열심히 사용하십시오. 그럴 때 은혜가 더욱 넘치게 됩니다.

만일 은사를 잘 모르거나 은사를 오랫동안 사용하지 않아서 희미해진 분이 있다면, 다시금 하나님의 말씀을 통해 은사에 불을 지피시기 바랍니다. 좋은 은사가 있더라도 불을 붙여야만 교회와 소명을 위해 더욱 귀하게 쓸 수 있습니다.[10]

---

10 스토트, 『디모데후서 강해』, 36.

소명자와 성령님

7절에서 사도는 소명자가 붙들어야 할 성령님이 어떤 분이신지 알려 줍니다.

하나님이 우리에게 주신 것은 두려워하는 마음이 아니요 오직 능력과
사랑과 절제하는 마음이니(딤후 1:7)

여기서 "두려워하는 마음"은 "두려워하는 영"으로, "능력과 사랑과 절제하는 마음"은 "능력과 사랑과 절제하는 성령"으로 번역할 수도 있습니다. 예수님을 믿을 때 누구나 다 성령님을 받습니다. 성령으로 아니하고는 누구든지 예수를 주시라 할 수 없기 때문입니다(고전 12:3). 이것을 성령 세례라고 합니다. 성령님께서 우리 안에 오시면 반드시 역사가 일어납니다. 성령님은 하나님의 역사를 우리에게 최종적으로 전달해 주시는 마지막 손이시기 때문입니다.[11] 사도는 이것을 "성령을 마신다(고전 12:13)"라고 표현하기도 했습니다. 물을 마시면 갈증이 해갈되는 것처럼, 우리가 성령을 마시면 분명한 역사가 일어납니다. 성령님

---

11 성령님을 "마지막 손(ultima manus)"라고 표현한 것은 토마스 굿윈의 작품에서 인용했다.
Thomas Goodwin, *The Works of Thomas Goodwin* (Edinburgh: James Nichol, 1863), 7:530
("Man's Restoration by Grace").

의 역사에 대해서 사도는 세 가지로 정리하고 있습니다.

첫째, 능력의 성령입니다. 소명자가 그 일을 감당하려면 능력이 필요합니다. 사탄이 소명자를 가만히 놔두지 않기 때문입니다. 이 세상이 결코 만만하지 않기 때문입니다. 대학을 가면 거기에 세상 문화가 가득합니다. 직장에 취직하면 거기에도 세상 문화가 가득합니다. 이런 상황에서 우리가 대학을, 직장을 변화시키기 위해서는 능력이 필요합니다. 우리 힘으로는 실패합니다. 좌절합니다. 하지만 능력의 성령을 받으면 우리는 이 세상에서 소명자로 살아갈 수 있습니다.

둘째, 사랑의 성령입니다. 우리가 소명을 감당할 때 가장 필요한 것은 사랑입니다. 교회를 세우는 것도 사랑으로 해야 합니다. 세상에서 주신 소명을 감당하는 일도 사랑이 바탕이 되어야 합니다. 우리가 아무리 대단한 일을 한다 해도 사랑이 없으면 아무것도 아니기 때문입니다(고전 13:2). 능력만 있고, 사랑이 없으면 아무런 감동도 줄 수 없고, 참다운 변화를 일으킬 수도 없습니다. 그렇다면, 이 사랑을 어디서 얻을 수 있을까요? 바로 성령님을 통해 공급받아야 합니다. 성령님은 하나님의 사랑을 우리 안에 부으시는 분이시기 때문입니다(롬 5:5).[12] 참된 사랑이 있는 곳에 성령이 계시며, 성령이 계신 곳에 참된 사랑이 있

---

12 (롬 5:5) 소망이 우리를 부끄럽게 하지 아니함은 우리에게 주신 성령으로 말미암아 하나님의 사랑이 우리 마음에 부은 바 됨이니

습니다. 성령은 사랑의 띠이기 때문입니다.[13]

셋째, 절제의 성령입니다. 소명을 감당하기 위해서는 절제가 필요합니다. 특별히 우리 인간 안에는 두 개의 꺼지지 않는 불이 있습니다. 하나는 분노의 불이며, 다른 하나는 정욕의 불입니다. 이 두 가지 불을 통제하고 이길 수 있는 힘은 오로지 성령님으로부터 얻을 수 있습니다.

여러분, 성령의 충만함을 받으시기 바랍니다. 그리하여 능력 있는 삶, 사랑의 삶, 절제하는 삶을 살아가시기 바랍니다.

소명자의 증언(마르튀리온)

이제 8절에서 사도는 소명자가 해야 할 일을 강력하게 권면하고 있습니다.

> 그러므로 너는 내가 우리 주를 증언함과 또는 주를 위하여 갇힌 자 된 나를 부끄러워하지 말고 오직 하나님의 능력을 따라 복음과 함께 고난을 받으라(딤후 1:8)

---

13 아우구스티누스는 성부를 "사랑하는 분", 성자를 "사랑 받는 분", 성령을 "사랑"이라고 불렀다 (『삼위일체론』, 8.10.14, 9.2.2, 9.5.8, 15.3.5, 15.6.10 등에 나타남).

소명자로서의 삶이란 바로 주님을 증언하는 삶이라고 사도는 가르칩니다. 증언이란 단어는 "마르튀리온"입니다. 순교자를 뜻하는 "마터"라는 단어가 여기에서 나왔습니다. 실제로 "마르튀리온"이란 단어에는 순교라는 의미도 있습니다.[14] 소명자가 생명을 걸어야 할 만큼 중요한 일이 주님을 증언하는 일이기 때문입니다. 주님을 증언하는 일은 1차적으로는 복음을 전파하는 것입니다. 그리스도의 증인 역할을 하는 것이 바로 소명자의 삶이기 때문입니다. 더 나아가 소명자의 삶을 통해 그리스도인다운 모습을 보여주는 것 역시 주님을 증언하는 일에 속합니다. 그래서 사도행전에서는 일곱 집사들, 고넬료, 디모데 등이 사회적으로 좋은 평판을 얻음으로써 주님의 증인이 되었다고 말하고 있습니다.[15]

아직도 많은 선교지에서는 기독교 신앙을 가졌다는 이유만으로 수많은 사람들이 순교를 당하고 있습니다. 우리나라에서도 불과 150년 전만 해도 그런 일들이 있었습니다. 그러나 오늘날처럼 종교가 자

---

14 William Arndt, Frederick W. Danker, and Walter Bauer, *A Greek-English Lexicon of the New Testament and Other Early Christian Literature* (Chicago: University of Chicago Press, 2000), 619.

15 Horst Robert Balz and Gerhard Schneider, eds., *Exegetical Dictionary of the New Testament* (Grand Rapids, MI: Eerdmans, 1990), 2:390: "사도행전에 자주 나오는 [μαρτυρέω의] 수동태는 누군가가 '좋은 증거를 얻었다' 혹은 '좋은 평판을 얻었다'라는 의미이다(행 6:3에서 일곱 사람; 10:22에서 고넬료; 16:2에서 디모데; 22:12에서 아나니아)."

유로워진 사회에서는 그런 일이 일어나지 않습니다. 그렇다면 이제 순교라는 것이 아예 없어진 것입니까? 그렇지 않습니다. 학교에서, 직장에서, 사회 속에서 참된 그리스도인으로 살아가기 위해서는, 입으로, 행동으로, 삶으로 주님을 증언하기 위해서는 가히 순교적인 정신으로 무장해야 합니다.

소명자의 고난

따라서 사도는 마지막으로 "오직 하나님의 능력을 따라 복음과 함께 고난을 받으라(딤후 1:8)"고 강력하게 명령합니다.[16] 소명자는 복음을 위해 고난 받는 사람입니다. 그 복음은 9절과 10절에서 말하는 "그리스도 안에서 은혜로 받은 생명"입니다. 사랑하는 성도 여러분, 그리스도를 증언하기 위해 고난을 당해보신 일이 있습니까? 주님을 닮아가기 위해, 사람들에게 '왜 그렇게 사느냐?'는 말을 들어본 적이 있습니까? 은혜의 삶을 살기 위해 내가 누려도 되는 권리와 특권을 자제해 본 일이 있습니까? 그리스도의 생명을 보여주기 위해 성질을 죽이고 참고 인내해 본 적이 있습니까? 피곤하고 힘들어도 이 세상에 생명을 전달

---

16 고난 받음은 디모데후서의 중요한 주제이다. 딤후 1:8, 1:12, 2:3, 2:9, 3:11, 4:5 등에 나온다.

하는 사람이 되기 위해 지친 몸을 일으켜 본 적이 있습니까? 그렇다면 여러분은 소명자입니다.

우리는 소명자라는 이름을 이미 가졌습니다. 이제 남은 것은 우리의 삶이 우리의 이름에 걸맞게 변화되는 것입니다. 소명자의 삶을 삽시다. 우리가 주님 앞에 섰을 때 주님께서 우리에게 무엇을 물으시겠습니까? 우리가 가진 돈이나 사회적 지위에 대해 물으시겠습니까? 결코 그렇지 않습니다. 주님은 그때 "그대는 소명자로 살았는가?"라는 이 질문 하나로 우리 인생을 평가하실 것입니다. 예수님처럼, 사도 바울처럼, 사는 날 동안 오직 소명자로 사시길 간절히 바랍니다. 아멘.

✧

Doctrinal Sermon

12

모든 위로의 하나님

(고린도후서 1:1-11)

모든 위로의 하나님

1. 하나님의 뜻으로 말미암아 그리스도 예수의 사도 된 바울과 형제 디모데는 고린도에 있는 하나님의 교회와 또 온 아가야에 있는 모든 성도에게
2. 하나님 우리 아버지와 주 예수 그리스도로부터 은혜와 평강이 있기를 원하노라
3. 찬송하리로다 그는 우리 주 예수 그리스도의 하나님이시요 자비의 아버지시요 모든 위로의 하나님이시며
4. 우리의 모든 환난 중에서 우리를 위로하사 우리로 하여금 하나님께 받는 위로로써 모든 환난 중에 있는 자들을 능히 위로하게 하시는 이시로다
5. 그리스도의 고난이 우리에게 넘친 것 같이 우리가 받는 위로도 그리스도로 말미암아 넘치는도다
6. 우리가 환난 당하는 것도 너희가 위로와 구원을 받게 하려는 것이요 우리가 위로를 받는 것도 너희가 위로를 받게 하려는 것이니 이 위로가 너희 속에 역사하여 우리가 받는 것 같은 고난을 너희도 견디게 하느니라

7. 너희를 위한 우리의 소망이 견고함은 너희가 고난에 참여하는 자가 된 것 같이 위로에도 그러할 줄을 앎이라

8. 형제들아 우리가 아시아에서 당한 환난을 너희가 모르기를 원하지 아니하노니 힘에 겹도록 심한 고난을 당하여 살 소망까지 끊어지고

9. 우리는 우리 자신이 사형 선고를 받은 줄 알았으니 이는 우리로 자기를 의지하지 말고 오직 죽은 자를 다시 살리시는 하나님만 의지하게 하심이라

10. 그가 이같이 큰 사망에서 우리를 건지셨고 또 건지실 것이며 이 후에도 건지시기를 그에게 바라노라

11. 너희도 우리를 위하여 간구함으로 도우라 이는 우리가 많은 사람의 기도로 얻은 은사로 말미암아 많은 사람이 우리를 위하여 감사하게 하려 함이라

(고린도후서 1:1-11)

바울과 고린도교회

우리가 읽은 본문은 고린도후서의 제일 첫 부분입니다.[1] 고린도교회
는 사도 바울이 가장 애정을 많이 쏟은 교회였지만,[2] 사실 문제가 많
은 교회이기도 했습니다. 바울은 문제를 해결하기 위해 이미 고린도전
서를 썼지만 상황이 쉽게 해결되지는 않았습니다. 그래서 이후에 "눈
물의 편지"를 써서 디도 편으로 보냈고, 이어서 오늘 설교 본문인 고린

1 고린도후서 주석은 아래의 것들이 좋다. David E. Garland, *2 Corinthians*, vol. 29, The New
American Commentary (Nashville: Broadman & Holman Publishers, 1999); Murray J. Harris, *The
Second Epistle to the Corinthians: A Commentary on the Greek Text*, New International
Greek Testament Commentary (Grand Rapids, MI: Milton Keynes, UK: W.B. Eerdmans Pub. Co.;
Paternoster Press, 2005); Paul Barnett, *The Second Epistle to the Corinthians*, The New
International Commentary on the New Testament (Grand Rapids, MI: Wm. B. Eerdmans Publishing
Co., 1997); Ralph P. Martin, *2 Corinthians*, ed. Ralph P. Martin, Lynn Allan Losie, and
Peter H. Davids, Second Edition, vol. 40, Word Biblical Commentary (Grand Rapids, MI:
Zondervan, 2014); Paul Barnett, *The Message of 2 Corinthians: Power in Weakness*, The Bible
Speaks Today (Leicester, England: Downers Grove, IL: InterVarsity Press, 1988); Linda L. Belleville,
2 Corinthians, vol. 8, The IVP New Testament Commentary Series (Downers Grove, IL:
InterVarsity Press, 1996); Colin G. Kruse, *2 Corinthians: An Introduction and Commentary*,
vol. 8, Tyndale New Testament Commentaries (Downers Grove, IL: InterVarsity Press, 1987); Ben
Witherington III, *Conflict and Community in Corinth: A Socio-Rhetorical Commentary on
1 and 2 Corinthians* (Grand Rapids, MI: Wm. B. Eerdmans Publishing Co., 1995); Scott J. Hafemann,
2 Corinthians, The NIV Application Commentary (Grand Rapids, MI: Zondervan Publishing
House, 2000).

2 Hafemann, *2 Corinthians*, 61; 스캇 하프만, 『고린도후서』, NIV 적용주석, 채천석 옮김(서울:
솔로몬, 2013), 79.

도후서마저 쓰게 됩니다. 먼저, 2절에 사도 바울의 인사가 나옵니다.

하나님 우리 아버지와 주 예수 그리스도로부터 은혜와 평강이 있기를
원하노라(고후 1:2)

바울은 하나님 우리 아버지와 주 예수 그리스도로부터 오는 은혜
와 평강을 기원합니다. 은혜란 값없이 주시는 하나님의 호의를 뜻하고,
평강은 성경에 약속한 하나님의 모든 복이 완성된 상태를 뜻합니다.

위로의 서신, 고린도후서

은혜와 평강을 빈 다음, 바울은 3절과 4절에서 하나님께 찬송을 올려
드리고 있습니다.

찬송하리로다 그는 우리 주 예수 그리스도의 하나님이시요 자비의 아
버지시요 모든 위로의 하나님이시며 우리의 모든 환난 중에서 우리를
위로하사 우리로 하여금 하나님께 받는 위로로써 모든 환난 중에 있는
자들을 능히 위로하게 하시는 이시로다(고후 1:3-4)

3절에서 사도는 하나님을 "모든 위로의 하나님"이라고 부릅니다.

4절에서는 그 하나님께서 모든 환난 중에 사도 바울과 그 일행을 위로하셨고, 위로를 받은 그들을 통하여 모든 환난 중에 있는 사람들을 위로하게 하신다고 말합니다.[3] 이 구절에서 반복되는 핵심 단어는 "위로"입니다. "위로" 혹은 "위로하다"는 단어는 신약성경에 31번, 그 중 바울서신에만 25번 나타납니다. 그 25번 중에도 무려 17번이 고린도후서에 나타나며, 심지어 고린도후서 1장 3-11절에만 10번이나 나옵니다. 사도 바울을 위로의 사도라고 한다면, 고린도후서는 위로의 서신이며, 고린도후서 1장은 위로의 장이라고 할 수 있습니다.[4]

동시에 고린도후서는 고난의 성경입니다. 신약성경에 고난이나 고통을 뜻하는 단어가 45번 나오는데, 바울서신에 24번 나옵니다. 그 중 9번이 고린도후서에 나오며, 고린도후서 1장 3-11절에만 3번 등장합니다. 인간은 누구나 위로가 필요합니다. 우르시누스(1534-1583)가 작성한 하이델베르크 요리문답 1문답은 이렇게 되어 있습니다.[5]

---

3 고린도후서에서 사용된 "우리"는 다음과 같은 여러 의미 중에 하나를 가진다. 첫째, 사도 바울 한 사람만 가리키는 경우(서신적 복수형). 둘째, 사도 바울의 일행을 가리키는 경우(바울과 디모데). 셋째, 사도 바울 일행과 고린도교회를 묶어서 표현하는 경우. 넷째, 모든 신자를 일반적으로 가리키는 경우.

4 하프만, 『고린도후서』, 70-71.

5 하이델베르크 요리문답서의 작성자는 우르시누스라는 것이 현대 학계의 견해이다. 이남규, 『우르시누스 · 올레비아누스: 하이델베르크 요리문답서의 거장』(서울: 익투스, 2017), 162: "따라서 공식적으로 하이델베르크 요리문답서의 저자는 작성위원회라고 할지라도 그 핵심적인 역

1문: 살아서나 죽어서나 당신의 유일한 "위로"는 무엇입니까?

답: 살아서나 죽어서나 나는 나의 것이 아니요, 몸도 영혼도 나의 신실
한 구주 예수 그리스도의 것입니다. 그리스도께서는 그의 보혈로
나의 모든 죗값을 완전히 치르고, 나를 마귀의 모든 권세에서 해방
하셨습니다. 또한 하늘에 계신 나의 아버지의 뜻이 아니면 머리털
하나도 땅에 떨어지지 않도록 나를 보호하시며, 참으로 모든 것이
합력하여 나의 구원을 이루도록 하십니다. 그러하므로 그분은 그
의 성령으로 나에게 영생을 확신시켜 주시고, 이제부터는 마음을
다하여 즐거이 그리고 신속히 그를 위해 살도록 하십니다.

모든 교리문답은 1문답이 가장 중요합니다. 하이델베르크 요리문
답은 1문답이 '위로'에 대한 내용입니다. 중세 시대를 살았던 성도들도
고통과 아픔이 있는 삶을 살았기에 위로가 필요했습니다.

1세기의 고린도교회 성도들이나 16세기 종교개혁 시대에 살았던
성도들뿐 아니라, 21세기를 살아가는 우리들 역시 '위로'가 필요합니
다. 오늘 본문은 고난과 위로에 대한 위대한 비밀을 알려줍니다.

할은 우르시누스가 담당했다고 결론 내려야 한다." 이남규, 『개혁교회 신조학』(수원: 합신대학원
출판부, 2020), 157: "『하이델베르크 요리문답서』의 주된 작성자를 언급하라고 한다면 우르시
누스라고 말할 수밖에 없다."

신자가 받는 고통과 고난

첫째, 믿음의 길에는 반드시 고난이 따릅니다. 사도 바울은 5절에서 이렇게 말씀합니다.

> 그리스도의 고난이 우리에게 넘친 것 같이(고후 1:5)

그리스도의 고난이란 그리스도를 위해서 받는 고난, 그리스도를 기억하면서 참는 고난을 뜻합니다. 바울은 하나님께 특별한 사명을 받았습니다. 이방인의 사도가 되어 소아시아 모든 이방인에게 복음을 전파하고 교회를 세우는 사명이었습니다. 그런데 그 사명을 수행하는 일은 결코 쉽지 않았습니다. 가는 곳마다 유대인들의 방해가 있었고, 수많은 역경들이 있었기 때문입니다. 사도 바울은 고린도후서 여러 곳에서 그런 어려움들을 밝힙니다. 고린도후서는 신약의 어떤 성경보다 개인적인 서신입니다. 심지어 한 사람에게 쓴 빌레몬서나 디도서, 디모데전·후서보다도 개인적인 이야기가 더 많이 나오는 것이 고린도후서입니다. 자신이 받은 고난에 대해 바울은 이렇게 말씀합니다.

> 형제들아 우리가 아시아에서 당한 환난을 너희가 모르기를 원하지 아니하노니 힘에 겹도록 심한 고난을 당하여 살 소망까지 끊어지고 (고후 1:8)

그 고난에 대해 바울은 9절에서 사형 선고를 받은 것이라고 말하며 고린도후서 11장 23절 이하에서는 아주 구체적으로 묘사합니다.

> 내가 수고를 넘치도록 하고 옥에 갇히기도 더 많이 하고 매도 수없이 맞고 여러 번 죽을 뻔하였으니 유대인들에게 사십에서 하나 감한 매를 다섯 번 맞았으며 세 번 태장으로 맞고 한 번 돌로 맞고 세 번 파선하고 일주야를 깊은 바다에서 지냈으며 여러 번 여행하면서 강의 위험과 강도의 위험과 동족의 위험과 이방인의 위험과 시내의 위험과 광야의 위험과 바다의 위험과 거짓 형제 중의 위험을 당하고 또 수고하며 애쓰고 여러 번 자지 못하고 주리며 목마르고 여러 번 굶고 춥고 헐벗었노라 (고후 11:23-27)

아마도 성경 전체에서 예수님을 제외하면 구약성경의 욥과 신약성경의 바울이 가장 많은 고난을 당한 사람 같습니다. 그렇다면 도대체 왜 하나님은 바울에게 고난을 많이 주셨을까요? 그것은 그가 사명의 길을 향해 달려갔기 때문입니다.

바울이 사명을 무시하고 살았다면 어쩌면 편하게 살았을지도 모릅니다. 인생에서 남들이 다 겪는 정도의 힘든 일은 있었겠지만, 적어도 동족들에게 언어맞고 멸시를 당하고 선교 여행 중에 위험을 겪는 일들은 피할 수 있었을 것입니다. 하지만 바울은 그 모든 일을 마다하지 않았습니다. 그는 "하나님의 뜻으로 말미암아 그리스도 예수의 사도 된 바울(고후 1:1)"이었기 때문입니다.

우리도 마찬가지입니다. 우리가 신앙이란 것을 단순한 액세서리 정도로 여기고 나 자신의 편함과 안위만을 위해서 살아간다면 세상에서 되도록 편하게 살 수 있을 것입니다. 예수 믿는 것도 숨기고 가끔씩 교회 나오면서, 아니 그냥 집에서 인터넷으로 설교 들으면서 쉽게 쉽게 교회생활을 할 수 있을 것입니다. 한 설문조사에 의하면, 코로나-19 시대가 끝난 다음에도 집에서 인터넷으로 예배를 드리겠다고 한 사람이 15%나 되었습니다.[6] 그러면 세상 사람들에게 욕 들을 일도 없을 것이고, 불신자들 사이에서 갈등이 되는 일도 없을 것입니다. 그러나 신앙의 길은 그렇게 넓은 문, 넓은 길이 아닙니다. 마태복음 7장 13-14절에서 예수님은 이렇게 말씀하십니다.

좁은 문으로 들어가라 멸망으로 인도하는 문은 크고 그 길이 넓어 그리로 들어가는 자가 많고 생명으로 인도하는 문은 좁고 길이 협착하여 찾는 자가 적음이라(마 7:13-14)

생명으로 인도하는 문은 좁습니다. 길이 울퉁불퉁합니다. 가시밭길, 자갈길입니다. 사람들이 잘 다니지 않는 길입니다. 인기가 없는 길입니다. '내가 정말 지금 제대로 가고 있나? 이 길이 정말 맞나?'라고 수없이 되묻게 되는 길입니다.

---

6   목회데이터연구소, 2020년 4월 10일 설문조사 결과 발표.

사도 바울은 주님께 받은 사명이 커서 고생을 많이 했지만, 사실 그리스도인이라면 누구나 사명을 받았기에 고난이 없을 수 없습니다.

코로나-19 사태를 지나며 많이 힘드셨지요? 남들이 다 겪는 어려움과 함께 특별히 그리스도인이기 때문에 힘든 일도 있지 않았습니까? 그럴 때 이상한 일을 겪는다고 생각하지 마십시오. 베드로전서 4장 12-13절은 이렇게 말씀합니다.

> 사랑하는 자들아 너희를 연단하려고 오는 불 시험을 이상한 일 당하는 것 같이 이상히 여기지 말고 오히려 너희가 그리스도의 고난에 참여하는 것으로 즐거워하라 이는 그의 영광을 나타내실 때에 너희로 즐거워하고 기뻐하게 하려 함이라(벧전 4:12-13)

신자의 삶에는 불 시험과 같은 어려움이 있습니다. 그럴 때 우리는 그리스도의 고난에 참여하게 됩니다. 그리스도를 위해, 그리스도의 이름으로 고난을 받게 됩니다. 고난을 피하지 마시기 바랍니다. 오히려 그런 고난을 통하여 그리스도의 고난에 참여하시기 바랍니다.

고난 당하는 자에게 주어지는 하나님의 위로

둘째, 신자가 고난을 당할 때에는 반드시 하나님의 위로도 함께 주어집니다.

> 그리스도의 고난이 우리에게 넘친 것 같이 우리가 받는 위로도 그리스
> 도로 말미암아 넘치는도다(고후 1:5)

신자의 삶에는 그리스도의 고난이 있습니다. 그런데 그리스도의
고난과 함께 주어지는 것이 있으니 바로 그리스도의 위로입니다. 사도
바울은 바로 이 점을 강조하고 있습니다. 고난에 비례해서 위로도 더
크게 주어진다는 사실 말입니다. 그것이 너무나 확실하기에 바울은
이렇게 고백합니다.

> 그가 이같이 큰 사망에서 우리를 건지셨고 또 건지실 것이며 이 후에도
> 건지시기를 그에게 바라노라(고후 1:10)

왜 하나님은 고난 뿐 아니라 위로도 주실까요? 바울은 하나님의
성품에서 그 답을 찾았습니다. 3절에서 그는 하나님을 "자비의 아버
지시요 모든 위로의 하나님"이라고 고백합니다. 하나님은 자비가 가
득한 분입니다. 자비란 마음 가득한 동정심을 뜻합니다.[7] 하나님의 자

---

7 Balz and Schneider, eds., *Exegetical Dictionary of the New Testament*, 2:505 (οἰκτιρμός).

녀들이 고통을 당할 때 하나님은 불쌍한 마음이 가득차서 그들을 위로해 주십니다. 위로란 하나님의 존전으로 불러주셔서 위기의 상황을 이겨내도록 도와주는 것을 뜻합니다.[8] 하나님은 모든 위로의 하나님이십니다. 어떤 역경과 고통 속에서도 하나님은 위로를 주실 수 있으며, 실제적인 도움을 주실 수 있습니다.

여기에서 한 가지 생각할 것은 바울이 받은 위로가 오직 하나님으로부터 오는 위로였다는 사실입니다. 바울은 자신이 큰 어려움을 겪고 있으니 위로를 좀 해달라고 이 편지를 쓴 것이 아니었습니다. 오히려 그는 큰 고난을 겪었지만, 하나님의 자비와 위로로 그 모든 것을 이겨낸 후에 이 편지를 쓰고 있습니다.

우리가 고통을 당할 때 찾아야 하는 것이 바로 "모든 위로의 하나님"입니다. 이 사실을 잊어버리기가 너무 쉽습니다. 오늘날 우리는 어려울 때 찾을 수 있는 여러 안전장치들 속에서 살아가기 때문입니다. 의료보험이 있고, 병원이 있고, 약이 있습니다. 도움을 받을 수 있는 기관과 사회보장제도가 있습니다. 물론 그런 것을 사용하지 말라는 것이 아닙니다. 병에 걸리면 병원에 가야 하고 약을 먹어야 합니다.

종교개혁 시대에 어떤 사람들은 병에 걸려도 믿음으로 기도만 하고 약을 먹지 말라고 했습니다. 마르틴 루터는 그런 사람들을 비판하

---

8   Balz and Schneider, eds., *Exegetical Dictionary of the New Testament*, 3:26.

면서 인간이 만든 약도 하나님이 주신 은혜의 선물이기에 신자들이 얼마든지 사용해야 한다고 주장했습니다. 이처럼 우리는 사회적 안전 장치들을 사용할 수 있고 누릴 수 있습니다. 하지만 문제는 그런 것을 의지하다가 하나님을 잊어버리는 것입니다. 하나님 대신에 그런 것을 더 의지하고 거기에 소망을 거는 것입니다.

고난이 있습니까? 그 고난을 이겨내기 위해 세상의 여러 가지 도움을 얻으시기 바랍니다. 그러나 이것만은 꼭 기억하십시오. 우리의 도움은 천지를 지으신 여호와의 이름에 있습니다(시 121:2; 124:8)! 사도 바울이 그 많은 고난을 겪으면서 얻는 진리가 바로 이것입니다. 9절을 보십시오.

> 우리는 우리 자신이 사형 선고를 받은 줄 알았으니 이는 우리로 자기를 의지하지 말고 오직 죽은 자를 다시 살리시는 하나님만 의지하게 하심 이라(고후 1:9)

하나님만 의지하는 것! 이것이 바로 신앙의 핵심입니다. 믿는다는 것은 의지한다는 것입니다. 성경이 가르치는 믿음은 우리의 전 생애를 하나님께 의지하는 것입니다. 바울은 사형 선고를 받는 데까지 갔습니다. 하지만 그 안에서 하나님을 의지하자 다시 살리시는 하나님을

만나게 되었습니다.[9]

이번 코로나-19를 지나면서 우리는 인간이 얼마나 부족한지 깨닫게 되었습니다. 눈에 보이지 않는 작은 바이러스를 이기지 못하는 인간의 부족함 말입니다. 학교도 문을 닫고, 여러 기업들과 사업체들이 타격을 받았으며, 심지어 교회도 제대로 모이지 못했습니다. 이런 일을 겪으며 무엇을 깨닫게 됩니까? 인생은 하나님을 의지하면서 살아야 한다는 사실 아닙니까?

신앙생활을 하면서 가장 복된 것은 나의 한계와 연약함을 깨닫는 것입니다. 고린도후서 12장에 보면, 사도 바울은 육체의 가시를 없애 달라고 세 번이나 주님께 간구하였지만 하나님은 그의 기도를 들어주시지 않았습니다. 그 대신 놀라운 영적 비밀을 주셨는데, 그것은 "내 능력이 약한 데서 온전하여짐이라."라는 진리입니다(9절). 그래서 사도 바울은 고린도후서 12장 9절과 10절에서 이렇게 고백합니다.

그러므로 도리어 크게 기뻐함으로 나의 여러 약한 것들에 대하여 자랑하리니 이는 그리스도의 능력이 내게 머물게 하려 함이라 그러므로 내가 그리스도를 위하여 약한 것들과 능욕과 궁핍과 박해와 곤고를 기뻐

---

9   하프만, 『고린도후서』, 80: "고난 가운데 있는 바울을 하나님이 과거에 구원하신 것과 현재의 위로로 특징지어지는 바울의 사역을 통해서 신자들은 하나님의 부활 능력을 소망하는 데서 발생하는 평강을 경험하게 된다."

하노니 이는 내가 약한 그 때에 강함이라(고후 12:9-10)

"나의 여러 약한 것들에 대하여 자랑하리니"라는 말씀은 내가 아니라, 주님만 자랑하겠다는 고백입니다. "내가 약한 그 때에 강함이라."라는 말씀은 나를 내려놓을 때 오히려 주님께서 일하기 시작하신다는 의미입니다.

19세기의 유명한 설교자였던 찰스 스펄전의 일화는 그것을 잘 알려줍니다. 그가 쓴 시편 91편 주석에 이런 내용이 나옵니다.

1854년, 스펄전이 사역했던 런던에서 수많은 사람들이 콜레라에 걸렸습니다. 스펄전이 시무하던 교회에도 많은 환자들이 발생했고, 그는 거의 매일 장례식을 치러야 했습니다. 그렇게 격무에 시달리게 되자 스펄전도 점차 약해지기 시작했습니다. 더 이상 아픈 사람들을 심방하기 싫어졌습니다. 그의 몸은 너무 힘들었고 마음도 병들었습니다. 그의 친구들마저도 한두 명씩 쓰러져 갈 때, 그는 무거운 짐을 더 이상 견딜 수 없었습니다. 한번은 스펄전이 비통한 심정으로 장례식을 치르고 돌아오던 중이었습니다. 그는 도버 거리(街)에 있는 한 구두 수선공의 창문에 종이가 붙어 있는 것을 발견했습니다. 호기심에 이끌려 가 보니 짙은 글씨로 다음과 같은 말씀이 적혀 있었습니다.

네가 말하기를 여호와는 나의 피난처시라 하고 지존자를 너의 거처로 삼았으므로 화가 네게 미치지 못하며 재앙이 네 장막에 가까이 오지 못하리니(시 91:9-10)

이 말씀을 읽은 스펄전은 큰 위로를 받았습니다. 그의 마음은 갑자기 평안함이 되살아났고, 자신이 영원의 힘으로 둘러싸여 있음을 느낄 수 있었습니다. 이후에 그는 힘을 내어 병든 자들, 죽어가는 사람들을 심방했습니다. 지치지도, 두렵지도 않았고, 상함을 입지도 않았습니다. 시편 91편 주석에서 그는 이렇게 고백합니다.

> "이름 모를 그 구두 수선공을 움직여서 그 구절을 창문에 붙이게 한 주님의 섭리에 저는 너무도 감사했습니다. 그 놀라운 능력을 기억하며 나의 주 하나님을 찬양합니다."

여러분, 스펄전이 시편 91편을 얼마나 많이 봤겠습니까? 그런데 왜 유독 그가 인생에서 가장 힘들 때 그 말씀이 새롭게 다가왔을까요? 하나님의 말씀은 우리가 약할 그때 가장 강하게 역사하기 때문입니다. 사랑하는 여러분, 약할 때 하나님을 찾으시기 바랍니다. 하나님의 말씀에서, 하나님의 도우심에서 진정한 위로를 발견하시기 바랍니다.

고난을 이겨낸 자가 받은 위로하는 능력

셋째, 고난 중에 위로를 받은 사람은 위로의 전달자가 될 수 있습니다. 본문 6절에서 사도 바울은 이렇게 고백합니다.

우리가 환난 당하는 것도 너희가 위로와 구원을 받게 하려는 것이요 우리가 위로를 받는 것도 너희가 위로를 받게 하려는 것이니 이 위로가 너희 속에 역사하여 우리가 받는 것 같은 고난을 너희도 견디게 하느니라 (고후 1:6)

이 말씀에서 우리는 하나의 위대한 공식을 발견하는데, 그것은 이러합니다.

바울의 고난 + 하나님의 위로 = 성도들의 위로

바울은 그리스도께서 주신 사명을 이루기 위하여 고난을 당합니다. 바울이 고난을 당할 때 하나님께서 위로를 주십니다. 새 힘을 공급하여 주심으로 고난을 이기게 하십니다. 그 경험을 통해서 바울은 고린도교회 성도들을 위로하는 위로의 전달자가 됩니다. 7절에서 바울은 이런 말씀을 덧붙입니다.

너희를 위한 우리의 소망이 견고함은 너희가 고난에 참여하는 자가 된 것 같이 위로에도 그러할 줄을 앎이라 (고후 1:7)

바울의 경험에 나타난 신앙의 원리를 깨달은 고린도교회 성도들이 바울의 고난 뿐 아니라 위로에 참여하여 그들 역시 위로의 전달자가 될 것이라는 말씀입니다.[10] 이러한 원리가 너무나 확실하기에 바울은 "소망"이라고 표현합니다. 신약성경에서 소망이란 단순한 희망 사항이 아니라, "분명히 일어날 일을 확신 가운데 기다리는 것"을 뜻하기 때문입니다.[11]

우리의 삶에는 육체적인 고난, 자연적인 재해, 여러 가지 질병, 경제적인 어려움, 관계적인 문제와 스트레스가 있습니다. 바울도 그러한 고통을 겪었습니다(고전 4:11-13; 고후 2:12-13, 17; 4:8-9; 6:4-10; 11:23-28; 12:7; 갈 4:12-16).[12] 특별히 바울의 삶은 하나님의 살아계심과 역사하심을 보여주는 계시의 통로가 되었기에, 그는 다른 사람보다 더 많은 고통을 받았습니다.[13] 하지만 수많은 고통 속에서도 그가 분명히 깨달은 것은 하나님의 뜻 안에서 고난은 절대 허무하게 끝나지 않는다는 사실입니다. 오히려 하나님은 고난조차도 합력하여 선이 이뤄지게 하십니다(롬 8:28). 기독교는 고난에 쓰러지는 종교가 아닙니다. 기독교는 오히려 고난을 딛고 일어서는 생명입니다. 사도 바울은 로마서 5장에서 이렇게

---

10 실제로 11절에 보면 고린도교회 성도들은 기도를 통하여 사도 바울의 사역을 돕게 된다.

11 하프만, 『고린도후서』, 75.

12 하프만, 『고린도후서』, 79.

13 하프만, 『고린도후서』, 80: "이것은 바울이 사도로서 일반적인 신자들과 달리 그리스도 안에서 하나님의 능력이 다른 이들에게 표현되는 계시적인 수단으로서 고통을 받도록 부름을 받았다는 그의 확신을 반영한다."

말씀합니다.

> 다만 이뿐 아니라 우리가 환난 중에도 즐거워하나니 이는 환난은 인내
> 를, 인내는 연단을, 연단은 소망을 이루는 줄 앎이로다(롬 5:8)

사랑하는 여러분, 하나님은 위로에 대한 아무런 계획도 없이 고통을 허락하시지 않습니다. 하나님은 언제나 고난을 뛰어넘는 위로를 주십니다. 하나님은 그분의 놀라운 지혜 속에서 고난도 허락하시고, 그 고난을 통하여 우리가 성숙할 수 있게 하십니다. 그렇기에 우리는 두려울 것이 없습니다. 모든 위로의 하나님께서 우리와 함께 하시기 때문입니다. 십자가가 가슴에 있는 사람은 결코 쓰러지지 않습니다. 나는 쓰러져도 십자가는 서 있습니다. 그 십자가 붙들고 다시 일어서면 됩니다. 그러면 우리는 사도 바울처럼 소망의 전달자가 될 수 있습니다.

지금도 점점 쌓여가고 있는 위로

고난 가운데 있습니까? 낙심하지 마십시오. 여러분들을 위한 하나님의 위로는 지금도 점점 쌓여가고 있습니다. 언젠가는 그 위로를 다 받게 될 것입니다. 어떤 사람은 그 날이 속히 오겠지만, 어떤 사람은 좀

더 기다려야 할 수도 있습니다. 하지만 분명한 것은 자비와 위로의 하나님은 반드시 우리의 모든 눈물을 닦아 주시고 위로해 주실 것이라는 사실입니다.

우리 인생이 운명에 의해 좌우된다고 믿는 사람들은 절망할 것입니다. 운명은 어쩔 수가 없는 것이니까요. 인생을 자기 힘으로 다 해결해야 한다고 생각하는 사람도 절망할 것입니다. 인간의 힘은 언젠가는 바닥이 나니까요. 그러나 고통을 하나님께서 직접 조정하고 계신다고 믿는 사람은 끝까지 희망을 가집니다. 하나님은 언제나 고통보다 크신 분이니까요. 고통 속에서도 우리 삶을 절대 놓지 않으시는 주님의 위로와 능력이 여러분들과 함께 하시기를 간절히 소망합니다. 아멘.

부활의 능력

(고린도전서 15:3-8)

부활의 능력

3. 내가 받은 것을 먼저 너희에게 전하였노니 이는 성경대로 그리스
   도께서 우리 죄를 위하여 죽으시고
4. 장사 지낸 바 되셨다가 성경대로 사흘 만에 다시 살아나사
5. 게바에게 보이시고 후에 열두 제자에게와
6. 그 후에 오백여 형제에게 일시에 보이셨나니 그 중에 지금까지
   대다수는 살아 있고 어떤 사람은 잠들었으며
7. 그 후에 야고보에게 보이셨으며 그 후에 모든 사도에게와
8. 맨 나중에 만삭되지 못하여 난 자 같은 내게도 보이셨느니라

(고린도전서 15:3-8)

부활의 중요성

본문은 예수님의 부활에 대한 사도 바울의 가장 위대한 고백입니다. 고린도교회의 가장 심각한 문제는 부활을 의심하는 자들이 나타났다는 것이었습니다. 부활을 의심하는 것은 신앙의 근간을 흔드는 것이기에 사도는 그들을 책망합니다. 부활이 없다면 어떻게 되겠습니까? 네 가지 파괴적인 일이 발생합니다.

첫째, 부활이 없다면 복음도 허사가 되고 믿음도 공허하게 될 것입니다(14절). 3절과 4절에 복음이 나옵니다. 복음은 예수 그리스도께서 우리 죄를 다 지시고 십자가에서 죽으셨고, 사흘 만에 부활하셔서, 그분을 믿는 나와 연합하여 계신다는 사실입니다. 그런데 부활이 없어지면 그리스도의 죽음은 더 이상 복음이 되지 않습니다. 구약에서 복음이란 여호와 하나님의 통치와 구원을 뜻했습니다. 그리스-로마 세계에서 복음이란 황제가 전쟁에서 승리했다는 소식입니다.[1] 그런데 만일 그리스도께서 십자가에서 죽으시기만 하고 부활하지 않으셨다면, 그것은 하나님의 구원도 아니고 왕의 승리도 될 수 없습니다. 그리

---

1 마이클 버드,『손에 잡히는 바울』, 백지윤 옮김(서울: IVP, 2016), 133. 마이클 버드는 그리스-로마적 의미에서 복음이란 "군사적 승리, 황제의 출생이나 승리, 즉위, 자선행위에 대한 좋은 소식"을 가리키며, 구약적 배경에서 복음이란 "야웨께서 이스라엘을 구하시기 위해 그분의 구원하시는 통치를 드러내신다는 좋은 소식"을 가리킨다고 한다.

스도께서 부활하셔야만 그분을 믿는 우리에게 구원과 승리가 주어집니다. 부활이 없다면 우리 믿음이 공허하게 됩니다. 제가 아는 장로님 중에 사랑하는 아들을 먼저 천국으로 떠나보내신 분이 계십니다. 그분이 자주 하신 말씀이 있습니다. "목사님은 부활을 믿으시겠지만, 저는 부활이 너무나 필요합니다." 부활이 없다면 우리의 믿음은 허무한 것이 되고 맙니다.

둘째, 부활이 없다면 사도들이 거짓 증인이 될 것입니다(15절). 사도들의 전언의 핵심은 부활에 있었습니다. 부활이야말로 죽었던 예수님이 그들과 영원토록 함께 하신다는 임마누엘의 복음이 되기 때문입니다. 만일 부활이 없었다면 사도들이 왜 복음을 전하고자 했겠습니까? 다시 돌아가서 자신의 직업을 찾아서 살아가지 않았겠습니까? 하지만 부활이 있었기에 그들은 그리스도께서 참된 메시아라는 복음을 전할 수 있었습니다(롬 1:3-4).

셋째, 부활이 없다면 우리는 여전히 죄 가운데 있을 것입니다(17절). 그리스도께서 우리 죄를 지시고 십자가에서 죽으셨습니다. 하지만 죽으신 그분이 다시 살아나지 않았다면 뭐가 잘못되어도 잘못된 것입니다. 부활은 하나님의 "오케이 선언"입니다. 그리스도께서 행하신 모든 사역을 긍정하신 사건입니다. 그리스도께서 죄를 사할 수 있는 권세를 지니신 분이라는 것에 대한 선언입니다. 이제 예수님을 믿으면 의롭다 함을 받습니다. 우리 대신 죽으신 그분이 부활 가운데 우리와 연합하여 계시기 때문입니다.[2] 그리스도인은 그리스도의 죽음과 부활로 그분과 하나가 된 자들입니다.[3] 부활은 신자를 향한 하나님의 영원한 무죄 선언이며, 너는 이제 살아도 좋다는 오케이 선언입니다. 반대로 부활이 없으면, 우리는 여전히 죄 가운데 있습니다. 부활이 없다면 우리는 죄의 세력에 붙잡혀 살 수밖에 없습니다. 부활은 죄의 세력을 끝장낸 사건입니다. 예수님의 부활은 바로 죽음의 죽음입니다.

넷째, 부활이 없다면 죽은 신자들은 망한 자가 될 것입니다(18절). 만일 부활이 없다면, 그리스도인들은 세상에서 가장 불쌍한 자들이 될 것입니다. 그리고 살아 있는 그리스도인보다 죽은 그리스도인들은 더 불쌍할 것입니다. 그들에게는 다른 기회가 없기 때문입니다. 만일 부활이 거짓이라고 알려졌다고 생각해 봅시다. 살아있는 사람은 그동안 속은 것은 안타깝겠지만 이제부터라도 자기 맘대로 살 수 있습니다. 하지만 죽은 신자들은 어떻게 하겠습니까? 그래서 사도는 부활이 없다면 죽은 신자들은 망한 자들이 되고 말 것이라고 합니다. 부활 신앙은 우리 삶의 모습을 결정 짓습니다. 32절을 주목해 봅시다.

2　마이클 버드는 부활 때문에 칭의 역시 가능하다고 올바르게 주장한다. Michael F. Bird, "Justified by Christ's Resurrection: A Neglected Aspect of Paul's Doctrine of Justification," *Scottish Bulletin of Evangelical Theology* 22, no. 1 (2004): 72-91.

3　티슬턴, 『고린도전서』, 471.

내가 사람의 방법으로 에베소에서 맹수와 더불어 싸웠다면 내게 무슨
유익이 있으리요 죽은 자가 다시 살아나지 못한다면 내일 죽을 터이니
먹고 마시자 하리라(고전 15:32)

지금도 많은 선교사들이 죽음을 무릅쓰고 복음을 전파합니다. 왜
그렇습니까? 부활을 믿기 때문입니다. 제가 아는 장로님 중에 일평생
사업을 해서 말년에 엄청나게 부자가 되신 분이 계십니다. 그분은 자
기 재산을 많이 내어놓고 아프리카에 병원과 대학을 짓는 일을 하고
계시는데, 왜 그렇게 하시는지 여쭈었더니 "이 세상이 다가 아니잖아
요."라고 말씀하셨습니다. 이처럼 이 땅에는 주님을 위해, 가난한 이웃
을 위해, 도움이 필요한 이들을 위해 헌신적으로 살아가는 그리스도
인들이 많습니다. 그들이 그렇게 사는 이유는 부활을 믿기 때문입니
다. 로마서 8장 11절에서 바울은 이렇게 말합니다.

예수를 죽은 자 가운데서 살리신 이의 영이 너희 안에 거하시면 그리
스도 예수를 죽은 자 가운데서 살리신 이가 너희 안에 거하시는 그의
영으로 말미암아 너희 죽을 몸도 살리시리라(롬 8:11)

성경은 그리스도께서 자신의 힘으로 부활하셨다고 말하기보다,

성령께서 그렇게 하신 것이라고 더 자주 말합니다.[4] 성령께서 그리스도를 부활시키셨습니다! 마찬가지로, 그리스도를 살리신 성령이 우리 안에도 계셔서 반드시 우리의 몸도 부활시키실 것입니다.

인간이 죽음에 직면하여 할 수 있는 일은 아무것도 없습니다. 그런데 이 죽음이 우리 그리스도인들에게는 놀라운 선물이 됩니다.[5] 본문에서 사도는 그것을 잠자는 것에 비유합니다(5, 18, 20, 51절). 복음서를 보면 예수님은 죽은 소녀를 향해 "달리다굼"하시며, 잠자는 아이를 깨우듯 자연스럽게 다시 살리십니다(막 5:41). 우리에게는 죽는 것과 자는 것이 천지 차이이지만, 능력 많으신 주님께는 죽는 것과 자는 것이 별 차이가 없습니다. 주님은 당신의 백성들을 마치 잠에서 깨어나듯 죽음에서 부활로 옮기실 것입니다.[6] 부활이 너무나 중요하기 때문에 루터는 이렇게 말했습니다.

바울은 이렇게 말하고 싶어 한다. "부활을 부인하는 사람은, 첫째로 당

---

4 바울의 글에서 그리스도가 자신을 "살린" 것이 아니라, 성령의 매개를 통하여 하나님의 능력에 의해서 살아난 것이라고 누구보다 정확하게 주장한 것은 M. E. 달(Dahl)이었다. M. E. Dahl, *The Resurrection of the Body*, SBT 36 (London: SCM, 1962), 96-100. 티슬턴, 『고린도전서』, 457에서는 M. E. 달이 아니라, 닐스 달(N. A. Dahl)이라고 잘못 표기되어 있다.

5 티슬턴, 『고린도전서』, 451.

6 Pannenberg, *Jesus - God and Man*, 74: "잠에서 깨어 일어나는 친숙한 경험은 죽은 자들을 위해 준비된 전혀 알려지지 않은 미래에 대한 일종의 비유로 기능한다."

신이 제대로 믿고 있다는 사실을 부인하는 것이며, 둘째로 당신이 믿고 있는 하나님의 말씀이 사실이라는 것을 부인하는 것이며, 셋째로 우리 사도들이 올바르게 설교하고 있다는 것과 우리가 하나님의 사도들이 라는 것을 부인하는 것이며, 넷째로 하나님이 신실하시다는 것, 즉 하나님이 하나님이시라는 사실을 부인하는 것이다."7

부활의 증거

부활이 이렇게 우리 신앙의 중요한 요소인데도 고린도교회에는 부활을 의심하는 자들이 있었습니다. 그래서 사도는 몇 가지로 부활의 증거를 말합니다.

부활의 첫 번째 증거는 성경입니다(3절). 3절과 4절을 보면, "성경대로"(카타 타스 그라파스)라는 말이 2번이나 나옵니다.

내가 받은 것을 먼저 너희에게 전하였노니 이는 "성경대로" 그리스도께

---

7 Martin Luther, *Luther's Works*, 1 Corinthians 7, 1 Corinthians 15, Lectures on 1 Timothy, ed. Jaroslav Jan Pelikan, Hilton C. Oswald, and Helmut T. Lehmann, vol. 28 (Saint Louis: Concordia, 1999), 95: "He [Paul] wants to say:'Whoever denies this article must simultaneously deny far more, namely, first of all, that you believe properly; in the second place, that the Word which you believe has been true; in the third place, that we apostles preach correctly and that we are God's apostles; in the fourth place, that God is truthful; in brief, that God is God.'"

서 우리 죄를 위하여 죽으시고 장사 지낸 바 되셨다가 "성경대로" 사흘
만에 다시 살아나사(고전 15:3-4)

그리스도는 성경대로 죽으셨습니다. 그리고 사흘 만에 다시 "성경
대로" 살아나셨습니다. 여기서 "사흘 만에"라는 것을 강조한 것은 당
시 유대교의 신념을 반영합니다. 당시 사람들은 죽은 지 사흘된 사람
은 몸이 이미 부패했기 때문에 절대로 다시 살아날 수 없다고 믿었습
니다. 그런데 예수님은 성경대로 다시 살아나셨습니다.[8]

많은 사람들이 부활에 대한 증거를 달라고 합니다. 그것에 대한 사
도의 대답은 "성경이 그렇게 말하고 있다"는 것입니다. 사도 바울은 성
경이 가장 분명하고 확실한 부활의 증거라고 가르칩니다.[9] 신앙이란
하나님의 말씀이 그렇다고 하면 그런 줄 알고 믿는 것입니다.

물질만능주의 세상에서 종종 '돈이 많은 사람에게 복음이 필요할
까?'하는 생각이 들기도 합니다. 돈만 있으면 못하는 것이 없는 것처
럼 여겨지기 때문입니다. 그러나 성경은 이런 생각이 틀렸다고 말합니
다. 성경은 돈이 많아서 으리으리한 집에 살고, 비싼 자동차를 굴리며,
매우 고급진 음식을 먹고, 심지어 온갖 종류의 쾌락을 즐기는 사람에

---

8   티슬턴, 『고린도전서』, 458.

9   티슬턴, 『고린도전서』, 458에서 같은 내용이 너무 어려운 표현으로 적혀 있어서, 여기에서 쉽
    게 풀어 설명했다.

게도 복음이 필요하다고 가르칩니다. 성경 어디에 그런 것이 나와 있습니까? 전도서입니다. 전도서를 보면, 오늘날 사람들이 즐길 수 있는 것 이상으로 엄청난 물질과 향락을 즐긴 한 사람이 나옵니다. 그런데 그가 하는 말이 "헛되고 헛되며 헛되고 헛되니 모든 것이 헛되도다!(전 1:2)"라는 탄식입니다. 인생의 공허함은 돈으로 해결되지 않기 때문입니다.

돈 많은 사람뿐 아니라, 똑똑한 사람, 지위가 높은 사람도 복음이 필요합니다. 그 사람들도 사는 것 보면 똑같이 스트레스 받고 인생 살면서 한숨을 푹푹 쉽니다. 산꼭대기에도 바람은 불기 때문입니다. 사람은 누구나 복음이 필요합니다. 성경이 그것을 가르칩니다. 그래서 '아멘'입니다. 신앙이란 성경 말씀이 나의 경험보다 더 참되고, 내 생각보다 더 옳고, 내가 사는 이 세상보다 더 실제적이라고 생각하는 것입니다. 부활의 가장 분명한 증거는 성경입니다!

부활의 두 번째 증거는 증인들의 고백입니다(5-8절). 부활하신 예수님께서 베드로에게 보이시고, 오백여 형제들에게 일시에 보이시고, 야고보에게 보이시고, 사도들 모두에게 보이시고, 마지막으로 바울에게도 보이셨습니다. 예수님은 우리 눈높이에 맞춰서 계시를 주십니다. 이것을 칼뱅은 "하나님의 적응"이라고 했습니다. 부활하신 예수님이 그냥 바로 승천해 버리셔도 우리는 믿어야 합니다. 하지만 너무나 감사하게도 예수님은 사람들에게 40일간 나타나셨습니다(행 1:3). 수많은 사람들이 직접 부활하신 예수님을 보게 되었습니다. 바울은 자신이 편지를 쓰고 있는 그 시점에 부활하신 예수님을 직접 목격한 사람들이 대다수가 살아 있다고 합니다. 그는 부활의 증인들 때문에 부활은 역사적 사실이라고 주장하고 있습니다.[10]

닉슨 대통령의 법률 보좌관이었던 찰스 콜슨(Charles Colson)은 워터게이트 사건 때문에 예수 그리스도의 부활을 확신하게 되었다고 고백했습니다. 그는 이렇게 말합니다.

> "나는 부활이 사실이라는 것을 압니다. 워터게이트가 그것을 나에게 증명해 주었습니다. 워터게이트는 세계에서 권력이 가장 강력한 12명이 휘말려 든 사건입니다. 그런데도 그들은 자신들의 거짓말을 3주간 연속으로 유지할 수 없었습니다. 하지만 부활 사건은 어떻습니까? 갈릴리의 촌사람 12명이 예수님이 죽은 자들 가운데서 부활하신 것을 보았다고 증언했습니다. 그들은 그것을 40년 동안 한 번도 부인하지 않고 선포했습니다. 12명 각자는 두드려 맞고, 고문당하고 돌팔매질 당하고 투옥되었습니다. 부활이 사실이 아니었다면, 그들은 절대 그런 일들을 견뎌내지 못했을 것입니다."

정치 음모를 꾸미다가 자신이 궁지에 몰리면 진실을 밝히게 되는 것은 역사상 흔히 있는 일입니다. 사람은 거짓을 위해서 목숨까지 내

---

10 판넨베르크는 여기에는 역사적 주장이 함축되어 있다고 주장한다. Wolfhart Pannenberg, *Systematic Theology*, trans. G. W. Bromiley, vol. 2 (Grand Rapids, MI: Eerdmans, 2004), 360.

놓지는 않기 때문입니다.

기독교는 증명의 종교가 아니라, 증인의 종교입니다. 기독교는 수학적인 공식이나 논리학 법칙을 따라 하나님이 계시다는 것을 증명하지 않습니다. 기독교의 진리는 그렇게 증명되는 것이 아니기 때문입니다. 하지만 기독교는 증인이 있습니다. 저는 리처드 도킨스와 같은 사람들이 아무리 신을 만들어 낸 것이라 주장해도 눈 하나 깜짝하지 않습니다. 제가 직접 하나님을 만났기 때문입니다. 저는 중학교 2학년 때 여름수련회에 가서 하나님을 만났습니다. 그날 밤의 감격은 잊을 수가 없습니다. 누구에게든지 증언할 수 있습니다.

예수님을 만난 사람들도 그러했습니다. 이미 바울 당시에 많은 사람들이 기독교를 무너뜨리기 위해서 헛소문을 퍼뜨렸습니다. 그 중에 대표적인 것이 도둑설입니다. 예수님의 시체를 기독교인들이 도둑질해 갔다는 소문입니다. 그러나 도둑설은 얼마 못 가서 힘을 잃고 말았습니다. 부활하신 예수님을 직접 만났다는 사람들이 수백 명씩 나타났기 때문입니다. 오히려 예수님의 시체가 발견되지 않았다는 것은 부활의 가장 확실한 증거가 됩니다. 왜 사람들이 예수님의 시체를 끝내 못 찾았겠습니까? 예수님께서 부활하셨기 때문입니다.[11]

---

11 판넨베르크는 "예수의 몸이 무덤에 온전히 있었더라면, 최초의 그리스도인들이 예수의 부활을 성공적으로 설교할 수 없었을 것이다"라고 말한다. Pannenberg, *Systematic Theology*, 2:358.

부활의 세 번째 증거는 부활 기록의 진실성입니다. 예수님의 부활을 전해주는 성경의 기록에 이상한 점들이 많습니다.[12] 우선, 그 기록에는 구약 성경이 인용되어 있지 않습니다. 복음서를 보면 부활 바로 전에 있었던 십자가 사건만 해도 수많은 구약 성경의 인용이 나옵니다. 그런데 유달리 부활 사건을 기록한 부분에는 구약 인용이 없습니다. 부활 이야기는 꾸밈이나 장식이 안 된 날 것 그대로 우리에게 주어져 있습니다. 있는 그대로를 보여주기 때문입니다.

그리고 그 기록에는 우리도 부활할 것이라는 소망이 표현되어 있지 않습니다. 신약 성경에서 예수님의 부활은 언제나 우리의 부활과 연관되어 나옵니다. 그러나 복음서에서 예수님이 실제로 부활하신 사건에 대한 기록에는 우리의 부활에 대한 소망은 일언반구도 없습니다. 부활은 도무지 예상치 못한 사건이라, 거기에 우리들의 부활 같은 것을 함께 갖다 댈 여유조차 없던 놀라운 사건이었습니다.

또한 복음서 기록들에는 예수님에 대한 이상한 묘사들이 별로 없습니다. 유대인들은 부활체에 대한 묘사를 하면서 항상 빛이 번쩍번쩍 나고 엄청난 위엄을 가진 존재로 묘사합니다. 그런데 유대 배경에서 저술했던 복음서 기자들은 부활하신 예수 그리스도의 몸에 대해

---

12 N. T. 라이트, 『하나님의 아들의 부활』, 박문재 옮김(고양: 크리스챤다이제스트, 2005), 930-53.

우리와 비슷한 평범한 분으로 기록하고 있습니다.[13]

마지막으로, 그 기록들에는 여자들이 많이 나옵니다. 사복음서 모두 예수님의 부활에 대한 기록은 여자들로 이야기가 시작됩니다. 당시 세계에서 여성은 신뢰할만한 증인의 역할을 전혀 할 수 없었습니다. 그런데도 부활 이야기에는 여성들의 증언이 필수적인 것으로 등장하고 있습니다. 만일 부활 기사를 좀 더 믿을만하게 만들려고 했다면, 여자들 이야기는 다 빼고서, 베드로나 요한, 금상첨화로 니고데모를 부활의 최초 목격자이자 증인으로 넣고자 했을 것입니다. 그러나 그들은 있는 그대로 상황을 전달해 주고자 했습니다. 그들에게 예수님의 부활 소식은 증명의 대상이 아니라, 그저 있는 그대로 묘사해 주어야 할 놀랍고 복된 소식이었기 때문입니다.

여기서 우리가 알 수 있는 사실은, 예수님의 부활에 대한 성경의 기록은 정말 신뢰할 만하다는 것입니다. 부활 사건이 사실이었기 때문에 제자들은 다시 예수님 주변으로 모여들게 되었고, 자신에게 주어진 사명을 감당하기 위해 목숨을 다 바쳐 충성했습니다.

---

13 물론 장소에 제한이 없으신 것처럼 여기저기 나타났다 사라졌다 하는 그런 특징은 지니고 있었다. 그런데 이것을 기록하고 있다는 것도 역시 부활에 대한 기록이 상당히 초기부터 지금의 형태로 전해졌음을 보여주는 증거인데, 왜냐하면 후대에 만들어진 것이라면 당시 만연했던 '가현설'(예수님은 가짜 몸으로 나타나셨다는 주장)을 배격하려고 예수님의 이런 공간무제약성에 대한 기록을 빼 버렸을 것이기 때문이다.

부활의 능력

이제 마지막으로 부활의 능력을 생각해 보겠습니다. 예수님의 부활은 단순히 죽은 사람이 다시 살아난 이야기가 아닙니다. 그런 이야기는 성경에 예수님의 부활 말고도 여러 번 등장합니다. 열왕기상 17장에는 엘리야가 과부의 독자(獨子)를 살리는 장면이 나옵니다. 누가복음 7장에서 예수님도 과부의 독자를 살리십니다. 그런데 바울은 고린도전서 15장 20절에서 이렇게 말합니다.

> 그러나 이제 그리스도께서 죽은 자 가운데서 다시 살아나사 잠자는 자들의 "첫 열매"가 되셨도다(고전 15:20)

바울은 예수님의 부활이 첫 번째 부활이라고 합니다. 여기서 "첫 열매"는 같은 종류의 곡식이 나중에 뒤따를 것임을 보증하는 추수의 첫 번째 수확을 가리킵니다.[14] 예수님이 첫 번째 부활이고, 이제 다른 사람들도 예수님처럼 그렇게 부활할 것이라는 뜻입니다. 죽은 사람이 다시 살아나도 그들은 다시 죽었습니다. 그렇기에 성경에서 다시 살아난 사람들 중에 지금 우리 가운데 함께 있는 사람이 아무도 없습니다.

---

14 티슬턴, 『고린도전서』, 475. 필자의 생각에 "첫 열매"는 하나님의 약속의 성취와도 관련이 깊은 것 같다.

하지만 예수님의 부활은 질적으로 완전히 다릅니다.[15] 예수님의 부활
은 완전히 새로운 삶의 양식으로의 변화를 뜻합니다. 그것은 우선, 주
님에게 일어났습니다. 우리는 부활하신 주님이 너무나 탁월한 분이심
을 복음서에서 읽을 수 있습니다.

그런데 더 중요한 것이 있습니다. 예수님의 부활은 단지 예수님에
게만 해당되는 것이 아니라, 완전히 새로운 세상을 여는 시작점이 되
었다는 것입니다. 예수님의 부활은 단지 생명으로 다시 돌아간 것이
아니라, 죽음이라는 치명적 독성의 정복을 뜻합니다.[16] 이제 주님의
부활 안에서 죽음이 죽어버렸습니다.[17] 우리에게 옛 세상은 힘을 잃었
습니다. 주님의 부활은 믿음, 소망, 사랑, 생명이 가득한 새로운 세상이
열렸다는 효시입니다. 그리스도께서 일으키심을 받았을 때 교회도 죽
은 자들 가운데서 부활하였기 때문입니다.[18] 그렇기에 부활 신앙은 신

15 Walter Künneth, *The Theology of the Resurrection* (London: SCM, 1965), 75, 84.

16 Jürgen Moltmann, *Theology of Hope*, trans. Margaret Kohl (Minneapolis, MN: Fortress Press,
1993), 211: "따라서 그리스도의 부활은 단지 죽은 자들로부터 일어나는 보편적인 부활의 첫
번째 예에 불과하거나 비존재 안에서 하나님의 신성이 계시되는 시작점으로 이해될 수 있는
것만이 아니다. 그것은 오히려 모든 신자들을 위한 부활 생명의 근원으로 이해되어야 한다. 그
것은 모든 것 안에서 성취될 약속 즉, 죽음의 죽음 안에서 부활 자체가 불가항력적이라는 사
실을 보여주는 약속의 확증으로 이해되어야 한다."

17 존 오웬의 말처럼, "그리스도의 죽음 안에서 죽음의 죽음"이 발생했다.

18 L. S. Thornton, *The Common Life in the Body of Christ*, 3rd ed. (London: Dacre Press, 1950), 282.

앙생활이라는 비행기의 엔진과 같습니다. 부활 신앙이 확실한 사람은 하늘을 향해 비상할 수 있습니다.

부활을 믿는 사람에게 사망은 더 이상 두려움의 대상이 될 수 없습니다. 죽음은 오히려 하나님 앞으로 가는 통로이기 때문입니다.[19] 29절에 보면 "죽은 자들을 위하여 세례를 받는 자들"이라는 표현이 나옵니다. 이것은 죽어 가면서도 부활에 대한 신앙을 확실하게 증언했던 사람을 생각하면서 세례를 받는 자들을 뜻합니다.[20] 신앙인의 아름다운 죽음은 그들의 마지막 고백 때문에 많은 사람들을 신앙으로 인도합니다. 저는 아름다운 모습으로 삶을 마무리한 많은 성도들을 알고 있습니다. 그들은 왜 그렇게 아름답게 생을 마무리 할 수 있었을까요? 그것은 죽음이 생의 끝이 아니라, 진정한 생의 시작이기 때문입니다.

부활을 믿는 사람은 이 땅의 삶 또한 새롭게 살아갑니다. 그리스

---

19 티슬턴, 『고린도전서』, 483.

20 티슬턴, 『고린도전서』, 485-86에 나오는 해석. 티슬턴은 고전 15:29("죽은 자들을 위하여 세례를 받는 자들")에 대해서 세 가지 해석을 제시한다. 첫째, 죽은 자들을 대신해서 받는 대리적 세례. 하지만 이런 세례가 있었다는 것은 증거가 없으며, 세례에 대한 바울의 가르침과도 어울리지 않는다. 세례 자체가 구원을 가져다주지 않으며 오히려 믿음이 구원을 준다고 가르친 바울이 그런 대리적 세례를 인정했을 리도 없다. 둘째, 사랑하는 사람이 죽었을 때 그 죽은 자를 만나기 위하여 받는 세례. 이것은 가능성이 있다. 셋째, 죽어가는 자들이 남긴 신앙의 고백에 감화를 받아서 받는 세례. 이것 역시 가능성이 있다. 티슬턴은 세 번째 해석을 지지하며, 두 번째 해석 역시 가능성이 있다고 여긴다.

도의 죽음 및 부활과 하나 됨을 실천하는 삶을 살아갑니다.[21] 바울 사도는 31절에서 "나는 날마다 죽노라"라고 고백합니다. 이것은 날마다 죄와 이 세상에 대하여 죽고, 부활의 생명력으로 다시 살아난다는 뜻입니다. 사도 바울은 고린도후서 4장 10절에서도 같은 고백을 하고 있습니다.

> 우리가 항상 예수의 죽음을 몸에 짊어짐은 예수의 생명이 또한 우리 몸
> 에 나타나게 하려 함이라(고후 4:10)

이제 우리에게 남은 것은 부활의 능력을 우리의 것으로 만드는 일입니다. 죽음이 죽어버린 세계로 함께 들어가는 일입니다. "어둔 밤 쉬 되리니 네 직분 지켜서..."라는 노래가 있습니다. 주님을 위해 살 수 있는 시간은 생각보다 짧을지도 모릅니다. 어렸을 때에는 어리석어서 주님을 섬기지 못하고, 청년 때는 바빠서 주님을 제대로 섬기지 못하고, 이제 삶이 좀 안정되면 인생을 즐기느라 주님을 섬기지 못하고, 나이가 많이 들어서는 힘이 없어서 주님을 섬기지 못한다면, 언제 주님을 섬기겠습니까?

---

21 티슬턴, 『고린도전서』, 486. 30-32절에 대해서 티슬턴은 (1) 불굴의 용기로 죽음을 맞이하는 것, (2) 그리스도 및 그의 사역과 일치된 삶을 살아가는 것, (3) 하나님의 부활의 능력을 바라보면서 위험과 연약함을 받아들이는 것이라 주석한다.

우리에게 남은 시간 동안 부활의 능력으로 살아가실 수 있기를 바랍니다. 아멘.

+

Doctrinal Sermon

14

나그네로 있을 때

(베드로전서 1:13-25)

나그네로 있을 때

13. 그러므로 너희 마음의 허리를 동이고 근신하여 예수 그리스도
께서 나타나실 때에 너희에게 가져다 주실 은혜를 온전히 바랄
지어다

14. 너희가 순종하는 자식처럼 전에 알지 못할 때에 따르던 너희 사
욕을 본받지 말고

15. 오직 너희를 부르신 거룩한 이처럼 너희도 모든 행실에 거룩한
자가 되라

16. 기록되었으되 내가 거룩하니 너희도 거룩할지어다 하셨느니라

17. 외모로 보시지 않고 각 사람의 행위대로 심판하시는 이를 너희
가 아버지라 부른즉 너희가 나그네로 있을 때를 두려움으로 지
내라

18. 너희가 알거니와 너희 조상이 물려 준 헛된 행실에서 대속함을
받은 것은 은이나 금 같이 없어질 것으로 된 것이 아니요

19. 오직 흠 없고 점 없는 어린 양 같은 그리스도의 보배로운 피로
된 것이니라

20. 그는 창세 전부터 미리 알린 바 되신 이나 이 말세에 너희를 위하여 나타내신 바 되었으니

21. 너희는 그를 죽은 자 가운데서 살리시고 영광을 주신 하나님을 그리스도로 말미암아 믿는 자니 너희 믿음과 소망이 하나님께 있게 하셨느니라

22. 너희가 진리를 순종함으로 너희 영혼을 깨끗하게 하여 거짓이 없이 형제를 사랑하기에 이르렀으니 마음으로 뜨겁게 서로 사랑하라

23. 너희가 거듭난 것은 썩어질 씨로 된 것이 아니요 썩지 아니할 씨로 된 것이니 살아 있고 항상 있는 하나님의 말씀으로 되었느니라

24. 그러므로 모든 육체는 풀과 같고 그 모든 영광은 풀의 꽃과 같으니 풀은 마르고 꽃은 떨어지되

25. 오직 주의 말씀은 세세토록 있도다 하였으니 너희에게 전한 복음이 곧 이 말씀이니라.

(베드로전서 1:13-25)

성도들이 당하는 고난

베드로전서에 나오는 박해는 일상적이고 대중적인 적대감을 가리킵니다.[1] 당시 성도들은 일상생활 속에서 동료 시민들과의 갈등을 빚었습니다. 당시에는 종교가 정치, 사회, 문화와 함께 엮여서 돌아갔습니다. 그런 상황 속에서 기독교라는 종교를 믿는 사람들은 로마의 다른 종교를 믿는 사람들과 아주 다른 삶의 방식, 베드로전서의 표현을 빌리자면 "행실"을 보여주었습니다(벧전 1:15, 17). 그런 이질적인 모습이 갈등의 주원인이었습니다.[2]

이것은 오늘날 한국 기독교인들이 겪는 어려움과 매우 유사합니다. 오늘날 한국 기독교인들이 당하는 고난은 세상 사람들의 비웃음

---

1 채영삼, 『공동서신의 신학』(고양: 이레서원, 2017), 224. 이 책의 제3장, "베드로전서에 나타난 '세상 속의 교회'"는 베드로전서를 전체적으로 이해하는 데 도움을 준다. 특히 배경설명이 탁월하다.

2 베드로전서 주석은 아래의 책들이 좋다. Karen H. Jobes, *1 Peter*, Baker Exegetical Commentary on the New Testament (Grand Rapids, MI: Baker Academic, 2005); I. Howard Marshall, *1 Peter*, The IVP New Testament Commentary Series (Downers Grove, IL: InterVarsity Press, 1991); Thomas R. Schreiner, *1, 2 Peter, Jude*, vol. 37, The New American Commentary (Nashville: Broadman & Holman Publishers, 2003); J. Ramsey Michaels, *1 Peter*, vol. 49, Word Biblical Commentary (Dallas: Word, Incorporated, 1988); Wayne A. Grudem, *1 Peter: An Introduction and Commentary*, vol. 17, Tyndale New Testament Commentaries (Downers Grove, IL: InterVarsity Press, 1988); 에드먼드 클라우니, 『베드로전서 강해(BST 시리즈)』, 정옥배 옮김(서울: IVP, 2008).

과 조롱입니다. 인터넷 뉴스를 보십시오. 기독교와 관련된 안 좋은 소식이 뜨면 언제나 댓글이 수두룩하게 달립니다. 물론 교회가 잘못한 일이 있을 때에는 욕을 듣는 것이 이상하지 않습니다. 문제는 교회 전체에 대한 혐오 현상입니다. 우리가 신자로서 충실하게 살려고 노력해도 세상은 우리를 욕할 수도 있다는 것입니다. 왜 그럴까요? 그것은 그리스도인들이 살아가는 모습이 이질적이기 때문입니다. 그 이질적인 모습에 대해 베드로는 오늘 본문 13절부터 자세히 설명합니다.

나그네이자 거류민인 기독교인

베드로 사도는 기독교인들을 나그네 혹은 거류민이라고 부릅니다. 나그네란 임시거주 외국인을 의미하고, 거류민은 여행자를 뜻합니다. 로마 제국 당시에 임시 거주 외국인은 일정한 세금은 내지만 매우 제한적인 정치적, 법적 권리만을 갖고 있었고, 여행자는 그마저도 없는 존재였습니다.[3] 베드로 사도가 기독교인들을 나그네 혹은 거류민이라고 부른 까닭은 이 세상이 우리에게 낯설기 때문입니다.

구원 받은 성도들이 이 세상에서 어떻게 살아야 하는지를 가장

---

3 채영삼, 『공동서신의 신학』, 217.

잘 정리한 분이 칼뱅 선생님입니다. 그는 『기독교 강요』에서 신자들이 이 땅에 사는 동안 "청지기[4]이자 나그네[5]"로 살아야 한다고 강조했습니다. 하나님의 청지기로서 우리는 이 세상에 대한 책임감을 가지고 성실하게 주어진 사명을 감당해야 합니다. 하지만 나그네로서 이 땅에 너무 큰 미련이나 소망을 두지 말고, 영원한 본향을 바라보며 살아야 합니다.

나그네로서의 삶과 청지기로서의 삶, 둘 다 중요합니다. 그런데 베드로 사도는 본문에서 나그네로서의 삶을 강조합니다. 왜냐하면 1세기 당시에 로마 제국에 흩어져 살았던 기독교인들의 상황에서 나그네의 삶이 더 중요했기 때문입니다. 그렇다면 나그네는 어떻게 살아야 합니까?

성부의 거룩하심을 닮아 종말을 준비함

첫째, 나그네인 우리는 거룩함으로 종말을 준비하는 삶을 살아야 합니다. 17절에서 베드로 사도는 이렇게 말씀합니다.

---

4 『기독교 강요』 3.7.5.

5 『기독교 강요』 2.10.16.

외모로 보시지 않고 각 사람의 행위대로 심판하시는 이를 너희가 아버
지라 부른즉 너희가 나그네로 있을 때를 두려움으로 지내라(벧전 1:17)

성경에는 우리가 행위에 따라 구원 받지 않는다는 말씀도 나오고,
행위에 따라 심판을 받는다는 말씀도 나옵니다. 디도서 3장 5절은 우
리가 구원 받는 것은 행위에 따른 것이 아니라, 하나님의 긍휼하심에
따라 되었다고 말씀합니다.

우리를 구원하시되 우리가 행한 바 의로운 행위로 말미암지 아니하고
오직 그의 긍휼하심을 따라 중생의 씻음과 성령의 새롭게 하심으로 하
셨나니(딛 3:5)

그런데 오늘 본문에서 베드로 사도는 "각 사람의 행위대로 심판하
신다."라고 합니다. 이것을 사도 바울과 사도 베드로의 대립이라고 생
각해서는 안 됩니다. 로마서 2장 6-8절을 보면, 사도 바울도 하나님께
서 행위에 따라 심판하신다고 했습니다.

하나님께서 각 사람에게 그 행한 대로 보응하시되 참고 선을 행하여 영
광과 존귀와 썩지 아니함을 구하는 자에게는 영생으로 하시고 오직 당
을 지어 진리를 따르지 아니하고 불의를 따르는 자에게는 진노와 분노
로 하시리라(롬 2:6-8)

베드로 사도 역시 베드로전서 1장 9절에서 "믿음의 결국 곧 영혼의 구원을 받음이라."라고 하여, 믿음의 결과물이라고 가르치고 있습니다.

그렇다면, 구원은 믿음으로 받지만, 최후 심판에서 하나님은 우리의 행위에 따라 심판하신다는 모순을 맞닥뜨리게 됩니다. 어떻게 이두 가지를 어떻게 조화시킬 수 있을까요? 이야기 식으로 풀어보자면 이렇게 됩니다. 심판 날에 하나님은 "내가 인정할 만한 의로운 행위를 내놓아라!"라고 요구하실 것입니다. 그때 우리는 우리의 너덜거리는 선행을 내미는 대신 예수 그리스도의 완벽한 선행을 믿음 가운데 내밀어야 합니다. 그러면 하나님은 다시 우리에게 "그리스도에 대한 참된 믿음이 있다는 '증거'를 나에게 보여라!"라고 요구하십니다. 그때 우리는 비록 부족하지만 성령을 위하여 심었던 우리의 모든 행위를 하나님 앞에 믿음의 징표로서, 믿음의 증거로서, 믿음의 열매로서 제시해야 합니다. 우리의 행위는 결코 하나님 앞에서 구원을 가져다주는 공로나 근거가 될 수 없습니다. 하지만 그것은 하나님 앞에서 우리 믿음이 가짜가 아니었으며 진짜라는 사실, 내가 진짜로 그리스도를 믿고서 그분께 접붙인 바 된 하나님의 자녀라는 사실을 징표로서 보여드릴 수 있습니다. 바로 이것이 성경 전체가 가르치는 선행과 믿음과 구원의 관계입니다.[6] 베드로 사도는 14-16절에서 이렇게 말씀합니다.

6　Douglas J. Moo, *Galatians*, Baker Exegetical Commentary on the New Testament (Grand

너희가 순종하는 자식처럼 전에 알지 못할 때에 따르던 너희 사욕을 본
받지 말고 오직 너희를 부르신 거룩한 이처럼 너희도 모든 행실에 거룩
한 자가 되라 기록되었으되 내가 거룩하니 너희도 거룩할지어다 하셨
느니라(벧전 1:14-16)

우리가 거룩하게 사는 이유는 하나님께서 거룩하시기 때문입니
다. 성경에서 거룩이란 하나님의 영광을 위해 바쳐진 것을 말합니다.
하나님과 가까우면 거룩한 것이고, 하나님과 멀면 부정한 것입니다.
한 마디로, 거룩이란 죄를 벗어나서 하나님을 향한 삶을 가리킵니다.
이것은 또한 언약적 신앙생활을 의미합니다.[7] 기독교인들은 성공이 아
니라, 성결에 목적을 두고 살아야 합니다. 삶의 모든 영역에서 주님을
찾으며, 주님 앞에서 고민하고, 주님의 영광을 위해 살아야 합니다.

Rapids, MI: Baker Academic, 2013), 386-387에서도 동일한 내용을 가르치고 있다. 위에서 설명한
최후심판에 대한 내용은 이해하기 쉽게 이야기 식으로 푼 것이다. 물론 하나님은 우리의 믿음
이 참된 것인지 거짓인지 이미 다 알고 계신다.

7   J. E. Hartely, "Holy and Holiness, Clean and Unclean," ed. T. Desmond Alexander and
    David W. Baker, *Dictionary of the Old Testament: Pentateuch* (Downers Grove, IL: InterVarsity
    Press, 2003), 430.

그리스도를 기억하며 행실을 대속함

둘째, 나그네인 우리는 그리스도를 기억하며 살아가야 합니다. 베드로 사도는 그리스도인은 세상 사람들과는 다른 특정한 삶의 방식이 있다고 말합니다. 나의 그리스도인 됨은 단순히 교회출석률이 보여주는 것이 아닙니다. 교회를 다니더라도 그것이 단지 종교생활이 될 수 있기 때문입니다. 더 중요한 것은 삶의 변화입니다. 생활방식이 변화되는 것입니다. 베드로 사도는 18절과 19절에서 이렇게 말씀합니다.

> 너희가 알거니와 너희 조상이 물려 준 헛된 행실에서 대속함을 받은 것은 은이나 금 같이 없어질 것으로 된 것이 아니요 오직 흠 없고 점 없는 어린 양 같은 그리스도의 보배로운 피로 된 것이니라(벧전 1:18-19)

요즘 우리의 삶을 결정하는 것은 스마트폰, 인터넷, 유튜브입니다. 인터넷과 유튜브는 자극적입니다. 정욕과 탐욕을 자극합니다. 사도 요한은 이렇게 말했습니다.

> 이는 세상에 있는 모든 것이 육신의 정욕과 안목의 정욕과 이생의 자랑이니 다 아버지께로부터 온 것이 아니요 세상으로부터 온 것이라
> (요일 2:16)

21세기 한국인들은 육신의 정욕과 안목의 정욕과 이생의 자랑에 빠져 살아가고 있습니다. 베드로 사도는 그것을 헛된 행실이라고 합니다. "헛된"이라는 말은 성경에서 우상숭배를 가리킬 때 자주 사용되었습니다(행 14:15, 렘 2:5; 시 93:11 LXX).[8] 오늘날 한국 사회에서 어떤 조각상이나 짐승 같은 것을 숭배하는 일은 많이 없습니다. 오히려 사람들은 육신의 정욕과 안목의 정욕과 이생의 자랑을 은밀하게 우상으로 숭배하면서 살아갑니다.

일전에 뉴스에서 전세계적으로 가장 많이 보는 유튜브 동영상이 아기들이 보는 인형 동영상이라는 것을 읽은 적이 있습니다. 부모들이 아이가 어렸을 때부터 그런 영상을 많이 보여준다는 말입니다. 그러면 아이들은 자연스럽게 육신의 정욕과 안목의 정욕과 이생의 자랑에 빠져 살아갑니다.

어떤 초등학생은 유튜브 동영상으로 한 달에 수백 만원을 벌기도 한다는 얘기를 들었습니다. 그런 아이들이 과연 부모를 어떻게 대하며, 노동에 대해서는 어떤 생각을 하며 살아갈까요? 사도 베드로는 우리가 구원 받은 것은 세상 사람들의 그런 헛된 행실로부터 대속을 받은 것이라고 합니다. 사도는 우리가 흠 없고 점 없는 어린 양 같

---

8   Balz and Schneider, eds., *Exegetical Dictionary of the New Testament*, 2:396에 나오는 "μάταιος" 항목 참조.

은 그리스도의 보배로운 피로 대속을 받았다고 합니다. 이는 우리의 대속이 완벽하다는 의미입니다. 우리의 구원에 미진하거나 부족한 부분은 없습니다. 예수 그리스도께서 우리를 위한 완벽한 대속물이 되어 주신다는 내용은 이미 창세 전에 예정된 것입니다. 본문 20절 말씀을 보십시오.[9]

> 그는 창세 전부터 미리 알린 바 되신 이나 이 말세에 너희를 위하여 나타내신 바 되었으니(벧전 1:20)

이것을 우리는 구속언약 교리라고 합니다. "구속언약(pactum salutis)"이란 우리를 구원하시기 위해 성부와 성자와 성령께서 맺으신 언약을 뜻합니다. 삼위일체 하나님은 영원 전에 성자 그리스도를 우리를 위한 중보자로, 성령님을 우리를 위한 보증으로 세우셨습니다. 따라서 우리의 구원은 그만큼 확실한 것입니다. 그래서 사도는 우리의 믿음과 소망이 오직 하나님께 있다고 합니다.

> 너희는 그를 죽은 자 가운데서 살리시고 영광을 주신 하나님을 그리스

---

9 랩지 마이클스, 『베드로전서』, WBC 성경주석, 박문재 옮김(서울: 솔로몬, 2006), 209: "영원 전부터 결정된 것은 단지 예수 그리스도께서 세상에 오신다는 것만이 아니라 그분이 어떤 역할, 즉 19절에서 이미 암시된 역할을 수행하시리라는 것이다."

도로 말미암아 믿는 자니 너희 믿음과 소망이 하나님께 있게 하셨느니
라(벧전 1:21)

여러분은 예수님의 부활을 믿습니까? 그렇다면 여러분의 부활도
믿으시기 바랍니다. 여러분이 나중에 부활할 것을 믿습니까? 그렇다
면, 현재의 삶에서도 부활신앙으로 살아가시기 바랍니다. 부활신앙을
가진 사람은 이 땅의 소망이 다 끊어져도 하나님만 믿고 소망하며 살
아갈 수 있습니다. 그런 신앙을 가진 사람은 죽을 때에도 부활할 것을
믿으며 담대하게 최후의 순간을 맞을 수 있습니다.

성령 안에서 사랑과 말씀으로 살아감

셋째, 나그네로 살아가는 사람은 사랑의 삶을 삽니다. 성부 하나님의
거룩하심을 닮아가는 사람, 성자 예수님을 바라보는 사람은 어떻게
살까요? 베드로 사도는 한 가지 특징을 지적합니다. 바로 형제자매를
사랑하며, 하나님의 말씀을 사랑한다는 것입니다.

너희가 진리를 순종함으로 너희 영혼을 깨끗하게 하여 거짓이 없이 형
제를 사랑하기에 이르렀으니 마음으로 뜨겁게 서로 사랑하라(벧전 1:22)

베드로는 교훈의 마지막을 사랑으로 장식합니다. 사랑이야말로 인생에서 가장 중요한 것이기 때문입니다. 저는 가끔씩 유언장을 씁니다. 유언장을 여러 번 쓰면서 인생에서 가장 중요한 것을 깨닫게 되었습니다. 그것은 바로 사랑과 사명입니다.

오늘날 교회에 가장 부족한 것이 사랑입니다. 사도는 우리가 진리에 순종하면 영혼이 깨끗하게 되는데, 깨끗한 영혼의 중요한 특징이 형제자매를 사랑하는 것이라고 가르칩니다. 22절에 나오는 "마음(카르디아)"은 13절에 나오는 "마음(디아노이아)"과 다른 단어입니다. 22절의 마음은 정서적인 영역에 사용되는 말입니다. 단지 지성적으로 사랑해야겠다고 생각하는 것이 아니라, 마음을 다해서 형제자매를 사랑하는 것입니다. 또한 사도 베드로는 하나님의 말씀을 강조합니다.

> 너희가 거듭난 것은 썩어질 씨로 된 것이 아니요 썩지 아니할 씨로 된 것이니 살아 있고 항상 있는 하나님의 말씀으로 되었느니라 그러므로 모든 육체는 풀과 같고 그 모든 영광은 풀의 꽃과 같으니 풀은 마르고 꽃은 떨어지되 오직 주의 말씀은 세세토록 있도다 하였으니 너희에게 전한 복음이 곧 이 말씀이니라 (벧전 1:23-25)

하나님을 사랑하는 사람은 하나님의 말씀을 사랑하게 되어 있습니다. 24절과 25절에 인용된 말씀은 이사야 40장 6-8절의 인용입니다.

풀은 마르고 꽃은 시드나 우리 하나님의 말씀은 영원히 서리라 하라
(사 40:8)

이 구절에 대해서 루터는 이렇게 말했습니다.

"그대는 마르지 않고 영원히 남길 원하는가? 그렇다면 영원히 서 있는 말씀을 붙들라."[10]

루터가 오늘날에도 여전히 기억되어야 한다면, 그것은 그가 하나님의 말씀을 붙들었기 때문입니다. 우리가 어떻게 하면 형제자매를 뜨겁게 사랑하며, 하나님의 말씀을 뜨겁게 사랑할 수 있겠습니까? 바로 성령님의 도우심으로 가능합니다.[11] 우리는 성령의 충만을 위해 기도해야 합니다.

---

10 LW 17:12-13.

11 베드로전·후서에서 성령은 아래와 같이 언급된다. (벧전 1:2) 곧 하나님 아버지의 미리 아심을 따라 성령이 거룩하게 하심으로 순종함과 예수 그리스도의 피 뿌림을 얻기 위하여 택하심을 받은 자들에게 편지하노니 은혜와 평강이 너희에게 더욱 많을지어다; (벧전 1:12) 이 섬긴 바가 자기를 위한 것이 아니요 너희를 위한 것임이 계시로 알게 되었으니 이것은 하늘로부터 보내신 성령을 힘입어 복음을 전하는 자들로 이제 너희에게 알린 것이요 천사들도 살펴 보기를 원하는 것이니라; (벧후 1:21) 예언은 언제든지 사람의 뜻으로 낸 것이 아니요 오직 성령의 감동하심을 받은 사람들이 하나님께 받아 말한 것임이라

나그네로 살아감

시편 39편 12절에서 시인은 이렇게 기도합니다.

> 여호와여 나의 기도를 들으시며 나의 부르짖음에 귀를 기울이소서 내
> 가 눈물 흘릴 때에 잠잠하지 마옵소서 나는 주와 함께 있는 나그네이
> 며 나의 모든 조상들처럼 떠도나이다(시 39:12)

모든 경건한 신자는 이 땅이 낯섭니다. 우리는 이 땅에서 나그네처
럼 삽니다. 하지만 우리는 이 땅에서 우리의 일을 감당하며 살아야 합
니다. 그것은 하나님을 닮은 거룩한 삶, 그리스도를 바라보는 삶, 성령
님을 의지하여 형제자매와 말씀을 사랑하는 삶으로 요약할 수 있습
니다. 여러분 모두 그렇게 살아가시길 기도합니다. 아멘.